现代企业经济管理信息化研究

杨静 著

延吉·延边大学出版社

图书在版编目（CIP）数据

现代企业经济管理信息化研究 / 杨静著. -- 延吉：
延边大学出版社，2024. 8. -- ISBN 978-7-230-07021-8

Ⅰ．F272.7-39

中国国家版本馆 CIP 数据核字第 2024J4Z184 号

现代企业经济管理信息化研究

著　　者：杨　静

责任编辑：魏琳琳

封面设计：文合文化

出版发行：延边大学出版社

社　　址：吉林省延吉市公园路 977 号

邮　　编：133002

网　　址：http://www.ydcbs.com

E-m a i l：ydcbs@ydcbs.com

电　　话：0433-2732435

传　　真：0433-2732434

发行电话：0433-2733056

印　　刷：三河市嵩川印刷有限公司

开　　本：787 mm×1092 mm　1/16

印　　张：10.25

字　　数：200 千字

版　　次：2024 年 8 月　第 1 版

印　　次：2025 年 1 月　第 1 次印刷

ISBN 978-7-230-07021-8

定　　价：68.00 元

前　言

现代企业经济管理的信息化符合当今世界经济大潮中的整体走向与趋势，其基本目的是解决在经济发展过程中存在的信息复杂多样与无序的问题。经济管理的信息化主要是对信息进行有效整理归类并存放，以便信息的日后收集与再利用，是对信息资源进行开发规划、控制集成、利用的一种科学管理。此外，经济管理的信息化，究其最终目的，是为社会主义市场经济的发展服务的。所以现代企业要想在同行业竞争中取得优势，就决不能在这个关键环节落后，必须在适时、适当的情况下采取必要措施，建立现代企业经济管理的信息化系统，培养一批尖端的现代企业经济信息管理人才，以帮助现代企业自身在激烈的市场竞争中占据优势地位。

信息技术发展日新月异，各类产品功能应用层出不穷，这个时代的企业家必须勇敢地踏上信息化的"高速公路"，才不会被时代淘汰。

本书围绕现代企业经济管理的信息化展开研究，首先概述了经济与管理的基础知识、经济管理研究的内容、研究经济管理的方法；其次分析了经济管理体制的优化、完善、改革趋势及管理体制；最后详述了现代企业经济管理信息化的基础理论、技术选择、驱动机制及绩效评价。全书内容简洁、通俗易懂，充分论证了现代企业经济管理信息化的重要性与必要性。

在本书的写作过程中，笔者虽然力求精雕细刻、精益求精，但是由于知识和经验的局限，书中不足之处在所难免，恳请读者批评、指正，使我们的学术水平不断提高，不胜感激。本书参考了很多专家、学者的书籍，并借鉴了他们的一些观点，在此对这些学术界前辈深表感谢！

本书由南昌理工学院杨静独立撰写。

目　　录

第一章 经济管理概述

第一节　经济与管理

一、经济

（一）经济的概念

"经济"这个词来源于希腊语 oikonomia，最早是古希腊的色诺芬在《经济论》和《雅典的收入》中使用的，是指奴隶主庄园的管理，或家庭管理的方法。在古希腊，经济也指一种谋生术，是取得生活所必要的，并且对国家和家庭有用的、具有使用价值的物品的方法。在西方，随着自然经济发展到商品经济，"经济"一词便超出了家务管理的范围。在中国古代，"经"是指经营国家事务，"济"是指救济人民生活，"经济"一词的原意是"经邦济世""经国济民"。在清朝末期，日本掀起了工业革命浪潮，大量接受、吸收和宣传西方文化，很多学者在翻译西方经济类书籍时，将 economy 一词译为"经济"。随着社会的不断进步，"经济"一词在汉语中的含义更加广泛。

经济是人类社会的物质基础，没有经济就没有人类社会。经济是构建人类社会并维系人类社会运行的必要条件。"经济"一词的具体含义随语言环境的不同而不同，它既可以指一个国家的宏观的国民经济，也可以指一个家庭的收入和支出。"经济"有时作为一个名词，指一种财政状态或收支状态；有时也可以作为一个动词，指一种生产过程等。"经济"是当前非常活跃的词语之一。

1."经济"一词在我国古代汉语中的含义

公元 4 世纪初，东晋时代已正式使用"经济"一词。《晋书·殷浩传》："足下沉识淹长，思综通练，起而明之，足以经济。"此时，"经济"一词是经邦济世、经国济世或经世济民等词的综合和简化，含有"治国、平天下"的意思。"经济"一词在中国古代文化和古代文学中是一个非常丰富的概念，蕴涵了丰富的人文思想和社会内涵。我国古代名联"文章西汉两司马，经济南阳一卧龙"中的经济就是"经纶济世"的意思。"经济"一词在我国古代代表着知识分子的责任之一，而且是一个非常有深度、广度和高度的词语，能做到"经济"二字的人必须"文能提笔安天下，武能跃马定乾坤"。我国古代的知识分子，特别是儒家学派的知识分子，常常按《大学》中"三纲八目"（"三纲"是指明明德、亲民、止于至善，"八目"是指格物、致知、诚意、正心、修身、齐家、治国、平天下）的要求去做学问、做人，而"三纲八目"最高的要求就是做到"治国、平天下"，这是古代"经济"一词的最深层次表达。"经济"一词在我国古代汉语中的含义非常丰富，它主要指宏观层面上国家如何理财，如何管理各种经济活动，如何处理政治、法律、军事、教育等方面的问题，即治理国家、拯救庶民。

2."经济"一词的近现代含义

随着时代的变迁，"经济"一词逐渐具有了现代社会中人们经常使用的含义。在日常生活中，人们认为经济是指耗费少而收益多，如平时人们经常说："这件事你这样做，就经济多了。"有时，经济也指财力、物力，指个人的收支状况，如鲁迅在《书信集·致何白涛》中写道："《中国木刻选》要开始付印了，共二十四幅，因经济关系，只能印百二十本。""经济"一词，除了在日常生活中被广泛使用，还在经济管理中被大量使用。在经济管理中，一般认为"经济"具有三种含义：一是指一定历史时期社会生产关系的总和。经济是指人们在物质资料生产过程中结成的、与一定的社会生产力相适应的生产关系的总和或社会经济制度，是政治、法律、哲学、宗教、文学、艺术等上层建筑赖以建立起来的基础。二是指社会物质资料的生产和再生产过程，包括物质资料的直接生产过程以及由它决定的交换、分配和消费过程。其内容包括生产力和生产关系两个方面，但主要是指生产力。三是指一个国家的国民经济或国民经济的某一个部门。当作为一个国家国民经济的总称时，它包括一个国家全部物质资料生产部门及其活动和部分非物质资料生产部门及其活动。人们通常所说的不同国家的经济状况，就是从国民经济的角度来讲的，如社会总产值、企业的产量与效益等。经济有时也指国民经济的某一部门，如工业经济、农业经济、商业经济等。

到了现代，由于不同的学者从不同的角度来解释经济，经济一词的含义更加广泛。同时，西方经济学家给经济学下了各种各样的定义，但对经济的定义却比较模糊。他们认为经济学的研究对象是经济，经济是一个清晰自明的实体，不用对经济下定义，故迄今为止在西方经济学中对"经济"一词还没有一个明确的定义，从而导致西方学者对经济学的定义也处于混乱状态。目前，国内不同的学者从各自不同的角度，针对经济给出了不同的定义，如：经济就是人类以外部自然界为对象，为了创造满足人们需要所必需的物质环境而不断追求享受所采取的行为的总和；经济是指创造财富的过程；经济是指利用稀缺的资源生产有价值的商品，并将它们分配给不同的人；经济是指人类生活事务；经济是指把稀缺资源配置到各种不同的和相互竞争的需要上，并使稀缺资源得到充分利用，使用者得到最大满足；经济是指个人、企业、政府以及其他组织在社会内进行选择，这些选择决定社会性稀缺资源的使用；经济是指社会管理自己的稀缺资源；经济是指在经济活动中确定劳动、资本和土地的价格，以及运用这些价格配置资源；经济是指金融市场行为，金融市场将资本配置到其他经济部门；经济是指收入分配，以及不损害经济运行的前提下对人给予帮助；经济是指政府支出、税收、预算、赤字对经济增长的影响；经济是指社会生产、交换、分配和消费等经济活动，以及所形成的经济关系和经济规律；等等。

（二）资源和资源稀缺性的相关概念

1.需要、欲望与需求

需要、欲望与需求都代表着一种渴求，但需要和欲望不能代表人们有购买能力，只有需求是具有购买能力的。

（1）需要

国内学术界对需要范畴的界定很多，但较为典型的主要有以下两种观点：

第一种观点是将人以外的其他生物体排除在外，认为人是需要的主体，主要表现为主体对一定对象的要求或依赖，这种对象可以是某种目标、有机体的内外部环境条件以及客观事物等。

第二种观点是从哲学的角度，认为需要是包括人在内的一切生物有机体为了维持正常运转（生存、发展），必须与外部世界进行物质、能量、信息交换而产生的一种摄取状态。

从以上学术界对需要的认识来看，需要与人的生存发展条件密不可分，它始终存在于人们的生产、分配、交换和消费中，具有客观必然性；而从历史上看，不管是自给自足的自然经济社会，还是现代的商品经济社会，每个人都存在着需要，需要具有永恒性。

人类的生存与发展都面临着需要，需要是指没有得到某些基本满足的感受状态。

（2）欲望

欲望是对具体满足物的愿望，具有无限性和层次性。欲望的无限性就是指人超越客观条件的许可和道德、法律规范的约束，不顾一切地去满足自己的需要、去实现自己的愿望的一种心理表现。但过度的欲望也造成了很多问题，如污染、过度开发等，对人类的生存环境造成了威胁。需要强调的是，欲望的无限性是欲望总体不能得到完全满足，而不是指每一种欲望都永远不能满足。欲望的层次性是指不同的欲望有轻重缓急之分，可以划分为不同的层次。人们在满足了或部分满足了较低层次的欲望之后，会产生较高层次的欲望。

（3）需求

需求是指人们有购买能力并且愿意购买某种产品或服务的欲望。美国心理学家亚伯拉罕·马斯洛（以下简称"马斯洛"）于 1943 年提出需求层次理论，把人的需求划分为五个层次，即生理需求、安全需求、社交需求、尊重需求和自我实现需求。

马斯洛提出的五种需求呈梯形分布。生理需求指维持人类自身生命的基本需要，如对衣、食、住、行的基本需要。他认为，在这些需求没有得到满足以维持生命之前，其他需求都不能起到激励人的作用。安全需求指人们希望避免人身危险和不受丧失职业、财物等威胁方面的需要。生理需求与安全需求属于物质需求。社交需求是指人们与别人交往，避免孤独，与同事和睦相处、关系融洽的需要。尊重需求是指当社交需求满足后，人们开始追求受到尊重，包括自尊与受人尊重两个方面。自我实现需求是一种最高层次的需要。它是指人们最大限度地发挥潜能，实现自我理想和抱负的需要。这种需求突出表现为工作胜任感、成就感和对理想的不断追求。马斯洛认为这一层次的需求是无止境的，一种自我实现需求满足以后，会产生更高的自我实现需求。马斯洛认为，社交需求、尊重需求和自我实现需求属于精神需要。后来，在这五个层次的基础上，马斯洛又补充了求知需求和求美需求，从而形成了七个层次的需求。

马斯洛认为，不同层次的需求可并存，但只有较低层次需求得到基本满足之后，较高层次需求才发挥对人的行为的推动作用。在同一时期内同时存在的几种需求中，总有一种需求占主导、支配地位，这种需求被称为优势需求，人的行为主要受优势需求所驱使。任何一种满足了的低层次需求并不因为高层次需求的发展而消失，只是不再成为主要的激励力量。马斯洛的需求层次论反映了人类需求的无限性和层次性，正是人类社会需求的这种无限性和层次性，才推动着人类社会的不断进步。

2.物品的分类

人们要使自己的欲望或需求得到满足，就必须消费一定量的物品。能够满足人类需求的物品可以按照不同的标志加以分类。

按照是否支付货币来划分，人们消费的物品可以分为经济物品和自由物品。

经济物品是指人类利用稀缺的资源，经过劳动创造，需要花费一定的成本才可以得到的物品。

自由物品是指由大自然作用而成的，具有遍在性（也叫泛在性，即各个地区都广泛存在）的物品，如空气、阳光等。

3.资源

生产经济物品的资源既包括经过人类劳动生产出来的经济物品，也包括大自然形成的自然资源。资源，也叫生产资源、生产要素，通常包括劳动、土地、矿藏、森林、水域等自然资源，以及由这两种原始生产要素生产出来再用于生产过程的资本财货，一般把它分为经济物品（即国民财产）和自由物品（即自然资源）。在经济学中，一般认为资源包括资本、劳动、土地和企业家才能四种要素。土地和劳动这两种生产要素又称为原始的或第一级的生产要素，其中土地泛指各种自然资源。由两种原始生产要素生产出来的产品，可以直接用来满足人的消费需求，其中再投入生产过程中的资本财货被称为中间产品。

4.资源稀缺性

在现实生活中，人们需求的满足绝大多数是依靠经济物品来完成的，而相对于人无穷无尽的欲望而言，经济物品或生产这些经济物品的资源总是不足的，这种相对有限性就是资源稀缺性。物品和资源是稀缺的，社会必须有效地加以利用，这是经济学的核心思想。理解资源稀缺性这一概念时，要注意以下三点：

（1）相对性

资源稀缺性强调的不是资源绝对数量的多少，而是相对于人类社会需要的无限性而言的资源的有限性。从这一点来理解，资源稀缺性是一个相对性概念，它产生于人类对欲望的求足和资源的不足之间的矛盾中。某种资源的绝对数量可能很多，但人们需要的更多；某些资源的数量是相对固定的，如土地，而人类的需要是无限增长的，随着人类社会的发展，土地资源稀缺性会表现得越来越突出。

（2）永恒性

对于人类社会来说，资源稀缺性的存在是一个永恒的问题。除泛在性自然资源外，其他资源都是稀缺资源，任何人、任何社会都无法摆脱资源稀缺性。资源稀缺性的存在是人类社会必须面对的基本事实。随着社会发展以及生产和生活条件不断进步，人类的需要会不断增加，同时自由物品也会逐渐变成经济物品。需要的无限性是人类社会前进的动力，人类永远都要为满足自己不断产生的需要而奋斗。

（3）必要性

经济学研究的问题是由于资源稀缺性的存在而产生的，没有资源稀缺性就没有经济学研究的必要性。例如，在农业生产中，需要解决的主要经济问题是如何通过合理配置和利用土地、种子、机械设备、劳动力等稀缺资源，使之与自然界中的空气、阳光等自由物品相结合，生产出更多的产品，满足人类社会不断增长的物质和文化生活的需要。

（三）资源配置和资源利用

1.资源配置问题

人类的欲望具有无限性和层次性，但在一定时期内，人的欲望又具有相对固定性，而且有轻重缓急之分。在人的衣、食、住、行这些基本需要还没有得到满足的条件下，生理需要排在首位，人们首先得满足自身生命的基本需要，此时其他的需要都退居次要地位。那么，在资源有限的条件下，如何用有限的物品和服务在有限的时间内去满足最重要、最迫切的欲望呢？这是一个经济问题，要求人们必须对如何使用稀缺资源做出选择。所谓选择，就是如何利用既定的、有限的资源去生产尽可能多的经济物品，以便最大限度地满足自身的各种需求。

选择是经济学中首先要解决的问题，它涉及机会成本和资源配置问题。机会成本是做出一项决策时所放弃的另外多项选择中潜在收益最高的那一项目的潜在收益。机会成本是经济活动中人们面临权衡取舍时的基本准则，也是一种经济思维方式。比如，某人有 10 万元资金，开商店可年获利 2 万元，炒股票可年获利 3.5 万元，买债券可年获利 1.8 万元，如果他选择了开商店，则机会成本就是 3.5 万元。实现机会成本最小，是经济活动行为方式的基本准则之一。

由于一种资源有多种用途，如钢铁可以制造飞机、轮船、大炮等，这就需要选择。选择包括以下三个相关的问题：

第一，生产什么，生产多少。在现有的技术水平条件下，现有的资源能够生产什么物品？如果生产这种物品，那么生产多少？如一吨钢铁是用来生产汽车，还是飞机？若生产飞机，那么生产多少最好？"生产什么，生产多少"是要解决在现有资源和技术水平条件下如何来组织生产的问题，使其既不会造成资源的浪费，也不会造成商品和服务供给不足。"生产什么"实质上取决于市场价格，而"生产多少"实质上是由消费者需求决定的。

第二，怎样生产，就是选择什么方法来进行生产。生产方法实际上就是各种生产要素进行组合的方法，如蔬菜是用大棚进行生产还是用传统的方法进行生产，工业中是采用资本密集型生产还是资金、技术密集型生产，等等，这些都要做出选择。不同的生产方法可以达到相同的产量，但其付出的成本费用可能差别很大，从而形成不同的经济效益。"怎样生产"的问题是由经济学中的厂商行为理论来解决的。

第三，为谁生产。这是分配问题，即生产出来的产品按照什么原则来分配，分配给谁。"为谁生产"的问题是由经济学中的分配理论来解决的，是经济学中同生产关系和社会制度联系最密切的内容，具有社会属性。

由于资源稀缺性和欲望无限性是人类社会的基本矛盾，所以如何解决这个矛盾就成为经济学研究的主要问题，也是经济学中经常说的资源配置问题。

生产什么和生产多少、怎样生产、为谁生产等问题是人类社会必须解决的基本问题，被称为资源配置问题。

2.资源利用问题

在社会资源既定和生产技术水平不变的情况下，人类的生产情况有三种：第一种情况是现实生活中稀缺的资源和经济物品没有得到合理的利用，存在资源浪费现象；第二种情况是稀缺的资源和经济物品得到了合理的利用；第三种情况是在现有的资源和技术水平条件下，既定的稀缺资源得到了充分利用，生产出了更多的产品，这是人类欲望的无限性决定的。这样在资源配置既定的前提下，又引申出了资源利用问题。

资源利用就是人类社会如何更好地利用现有的稀缺资源，使之生产出更多的经济物品和服务。资源利用包括以下三个相关的问题：

第一，为什么稀缺的资源得不到充分利用？这就是经济中的"充分就业"问题。

第二，在资源既定的情况下，为什么产量有时高有时低？这就是经济中的"经济周期"问题。同时，如何用既定的稀缺资源生产出更多的产品，即实现经济的持续增长，这就是经济中的"经济增长"问题。

第三，在以货币为媒介的商品社会里，货币购买力的变动对资源的使用和商品的购买影响很大，这就是经济中的"通货膨胀或通货紧缩"问题。

3.资源配置和资源利用的运行机制

资源配置和资源利用的运行机制就是经济制度。当前，世界上的经济制度基本有以下三种：

（1）计划经济制度

生产资料归国家所有，靠政府的指令性计划或指导性计划来做出有关生产和分配的所有重大决策，即通过中央的指令性计划或指导性计划来决定生产什么、如何生产和为谁生产。政府像管理一个大公司那样管理一个国家的经济运行，这是 20 世纪苏联所采取的经济制度。在生产力不发达的情况下，计划经济有其必然性和优越性，可以集中有限的资源实现既定的经济发展目标。但在生产力越来越发达以后，管理就会出现困难，漏洞也越来越多，计划经济就无法有效地进行资源配置了。计划经济是政府通过它的资源所有权和实施经济政策的权力来解决基本的经济问题。按劳分配是计划经济制度条件下个人消费品分配的基本原则，是计划经济制度在分配领域的实现形式。

（2）市场经济制度

市场经济是一种主要由个人和私人企业决定生产和消费的经济制度。市场经济体制包含价格、市场、盈亏、激励等一整套机制，通过市场上价格的调节来决定生产什么、生产多少、如何生产和为谁生产。厂商生产什么产品取决于消费者的需求，如消费者喜欢西尔维斯特·史泰龙的动作片，好莱坞就要不停地拍摄类似的动作片。如何生产取决于不同生产者之间的竞争。在市场竞争中，生产成本低、效率高的生产方法必然取代生产成本高、效率低的生产方法。例如：在劳动力成本高的地方，企业往往会少雇用工人，实行资本技术密集型的生产方式；在劳动力成本低的地方，企业则适宜采用劳动密集型的生产方式，这样才能实现成本最低。为谁生产是分配问题，市场经济中分配的原则是按生产要素分配，目的是更好地促进生产力的进一步发展。市场经济的极端情况被称为自由放任经济，即政府不对经济决策施加任何影响。

市场经济的运转是靠市场价格机制的调节来实现的，从总体上看比计划经济效率高，更有利于经济发展。但市场经济也不是万能的，市场经济制度也存在缺陷，也存在"市场失灵"的现象。

（3）混合经济制度

纯粹的计划经济和市场经济都各有其利弊，所以现实中的经济制度大都是一种混合的经济制度，总是以一种经济制度为主，以另一种经济制度为辅。所谓混合经济制度就是指市场经济与计划经济不同程度地结合在一起的一种资源配置制度，它是既带有市场成分，又有指令或指导成分的经济制度。经济问题的解决既依赖于市场价格机制，又依赖于政府的调控和管制，如对于垄断行为，政府就要干预。在现实中，许多国家的经济制度都是市场经济与计划经济不同程度结合的混合经济制度。

二、管理

（一）管理的重要性

管理活动自古有之。长期以来，人们在不断的实践中认识到管理的重要性。20 世纪以来的管理运动和管理热潮取得了令人瞩目的成果，成果之一就是形成了较为完整的管理理论体系。管理，顾名思义就是既管又理。管什么？理什么？儿童要管理自己的零用钱，每个人都要管理自己的时间，这是广义的管理。更重要的领域是组织的管理：总统管理国家，将军管理军队，校长管理学校，厂长管理工厂，总经理管理公司等，这是狭义的管理。

管理是促进现代社会文明发展的三大支柱之一，它与科学和技术三足鼎立。一位管理学家曾说过，管理是促成社会经济发展的关键因素。发展中国家经济落后，关键在于管理落后。国外的一些学者认为，在 19 世纪，经济学家特别受欢迎，而 20 世纪 40 年代以后，则是管理人才的天下了。还有人指出，先进的科学技术与先进的管理是推动现代社会发展的"两个轮子"，二者缺一不可。这些都表明管理在现代社会中占有重要地位。

经济的发展固然需要丰富的资源与先进的技术，但更重要的还是组织经济的能力，即管理能力。从这个意义上说，管理本身就是一种资源，作为"第三生产力"在社会各个领域中发挥作用。目前，在研究国与国之间的差距时，人们已把着眼点从"技术差距"转到"管理差距"上来。例如：美国与西欧国家之间的管理差距，就是美国的经济实力目前仍比欧洲国家强的重要原因之一；日本经济的崛起，也正是因为抓住了管理。在 20 世纪 80 年代初，日本产品能够横扫英国摩托车业，超越美国和德国的汽车制造业，抢夺德国和瑞士的钟表、摄影机、光学仪器等生意，打击美国在钢铁、造船、钢琴、一般用电子产品上的优势，靠的就是管理，特别是依靠企业文化进行管理。由此可见，先进的技术要有先进的管理与之相适应，落后的管理不能使先进的技术得到充分应用。管理在现代社会发展中起着极为重要的作用。

管理对企业至关重要。有的学者认为，我国只要管理水平提高了，靠目前的固定资产，经济效益就可以提高 50 % 乃至 1 倍。例如，海尔集团在很大程度上就是依靠自己先进的管理模式而成为国内外知名企业的。1988 年至 1997 年，海尔集团兼并了青岛电镀厂、空调器厂、冷柜厂、红星电器厂、武汉希岛公司等 15 家企业。通过一系列兼并和收购，海尔集团盘活了近 20 亿元的存量资产，初步完成了集团的产业布局和区域布局，取得了明显的经济效益。海尔集团选择的兼并目标很有特点，主要选择技术、设备、人才素质均优良，只是管理不善、处于休克亏损状态的企业。海尔集团通过输入自己的管理和文化模式，使这些企业起死回生，从休克状态苏醒，变得更加有活力，这为 21世纪海尔集团实现进入世界 500 强的目标打下了良好的基础。

（二）管理的定义

从不同的角度和背景分析，管理可以有不同的解释。管理的定义是组成管理学理论的基本内容，明确管理的定义也是理解管理问题和研究管理学最起码的要求。从字面上来看，人们可以将管理简单理解为"管辖"和"处理"，即对一定范围内的人员及事物进行安排和处理。从词义上来看，管理通常被解释为主持或负责某项工作。人们在日常生活中对管理的理解也是这样，也是在这个意义上去应用管理这个词的。自从有了集体协作劳动，就开始有了管理活动。在漫长而重复的管理活动中，管理思想逐步形成。

管理一词本身具有多义性，它不仅有广义和狭义的区分，而且因时代、社会制度和专业的不同，产生了不同的解释。随着生产方式社会化程度的提高和人类认识领域的拓展，人们对管理现象的认识和理解的差别还会更为明显。长期以来，许多中外学者从不同的研究角度出发，对管理做出了不同的解释，然而不同学者在研究管理时的出发点不同，因此对管理一词所下的定义也就不同。直到目前为止，管理还没有一个统一的定义。特别是 20 世纪以来，各种不同的管理学派，由于理论观点的不同，对管理的解释也各不相同。

1.国外学者对管理的定义

科学管理之父弗雷德里克·泰罗认为，管理就是确切知道要别人去干什么，并让他们用最好、最经济的方法去完成它。

管理过程理论之父亨利·法约尔（以下简称"法约尔"）认为，管理是所有的人类组织（不论是家庭、企业还是政府）都有的一种活动，这种活动由五项要素组成：计划、组织、指挥、协调和控制。管理就是实行计划、组织、指挥、协调和控制。

诺贝尔经济学奖获得者、著名管理学家赫伯特·西蒙认为，管理就是决策。

美国著名管理学家哈罗德·孔茨认为，管理就是设计和保持一种良好环境，使人在群体里高效率地完成既定目标的过程。

小詹姆斯·唐纳利认为，管理就是由一个或更多的人来协调他人活动，以便收到个人单独活动所不能收到的效果而进行的各种活动。

斯蒂芬·罗宾斯将管理定义为，一个协调工作活动的过程，以便能够有效率和有效果地同别人或通过别人实现组织的目标。

美国丹尼尔·雷恩在《管理思想的演变》中给管理下了一个广义而又切实可行的定义，把它看成这样的一种活动，即它发挥某些职能，以便有效地获取、分配和利用人的努力和物质资源，来实现某个目标。

美国弗里蒙特·卡斯特等在《组织与管理——系统方法与权变方法》一书中认为，管理就是计划、组织、控制等活动实施的过程。

2.国内学者对管理的定义

《现代汉语词典》（第7版）对管理的释义有三种：一是指负责某项工作使顺利进行，如管理财物、管理国家大事；二是保管和料理，如管理图书、公园管理处等；三是照管并约束（人或动物），如管理罪犯、管理牲口等。

国内管理学界对管理的定义也没有一致的说法，具有代表性的定义主要有以下几个：

第一，杨文士、张雁认为，管理是指一定组织的管理者，通过实施计划、组织、人员配备、指导与领导、控制等职能来协调他人的活动，使别人同自己一起实现既定目标的活动过程。

第二，徐国华、赵平认为，管理是通过计划、组织、控制、激励和领导等环节来协调人力、物力和财务资源，以期更好地实现组织目标的过程。

第三，周三多认为，管理是指组织为了达到个人无法实现的目标，通过各项职能活动，合理分配、协调相关资源的过程。

第四，芮明杰认为，管理是对组织的资源进行有效整合以达到既定目标与责任的动态创造性活动。

第五，单凤儒认为，管理就是通过计划、组织、领导和控制，协调以人为中心的组织资源与职能活动，以有效实现目标的社会活动。

管理的定义有很多，以上几种具有一定的代表性，综合分析上述各种不同观点，总的来说，它们各有可取之处，也各有不足之处，但这些定义都着重从管理的现象来描述管理本身，而未揭示出管理的本质。

本书认为，管理是一种行为，有四个基本要素：管理主体，回答行为的发出者是谁、由谁来管的问题；管理客体，回答行为的承受者是谁、管什么的问题；管理目的，回答为何而管的问题；管理环境或条件，回答在什么情况下管的问题，任何活动都是在一定的组织、环境和条件下进行的。有了以上四个基本要素，就具备了形成管理活动的基本条件。因此，管理就是管理者通过实施计划、组织、协调、领导、控制和创新等职能，有效地获取、分配、使用人力资源、物力资源、财力资源和各项职能活动，以实现预期目标的活动过程。

本书中的管理包含以下含义：管理的目的是有效地实现组织的目标；管理的手段是计划、组织、协调、领导、控制和创新等活动；管理的本质是协调，即利用上述手段来协调人力、物力、财力等方面的资源；管理的对象是人力资源、物力资源、财力资源和各项职能活动；管理的性质是人的有目的的社会活动。

（三）管理的职能

从 18 世纪开始，一些经济学家就已经提出了管理的一些职能。例如，让·巴蒂斯特·萨伊强调计划职能的重要性，而经济学的集大成者阿尔弗雷德·马歇尔（以下简称"马歇尔"）也持这种观点。在这一时期，人们提出的管理职能都是片面的，只针对某一方面。从系统的观点出发，最早提出管理职能的学者是法国的法约尔，他认为管理具有计划、组织、指挥、协调和控制五项职能，即"五职能说"，后来又有很多学者提出了"三职能说""四职能说""七职能说""九职能说"等。在法国管理学者法约尔最初提出的五项职能的基础上，又有学者认为人员配备、领导、激励、创新等也是管理的职能。何道谊在《论管理的职能》一书中依据业务过程把管理分为目标、计划、实行、反馈、控制、调整六项基本职能，加上人力、组织、领导三项有关人的管理方面的职能，系统地划分了管理的九大职能。目前，管理学界广泛接受的是将管理职能分为计划、组织、领导和控制四项。

1.计划职能

计划就是根据组织内外部环境的要求，来确定组织未来发展目标以及实现目标的方式。计划职能是指对未来的活动进行规定和安排，是管理的首要职能。在工作实施之前，预先拟定出具体内容和步骤，内容包括预测分析环境、制定决策和编制行动方案，步骤可以分为制订计划、执行计划和检查计划。

2.组织职能

组织是指为了实现既定的目标，按一定规则和程序而设置的多层次岗位及其有相应人员隶属关系的权责角色结构。组织职能是指为达到组织目标，对所需的各种业务活动进行组合分类，授予各类业务主管人员必要的职权，规定上下左右的协调关系的职能。组织职能包括设置必要的机构、确定各种职能机构的职责范围、合理地选择和配备人员、规定各级领导的权力和责任、制定各项规章制度等。在组织职能中要处理好管理层次与管理宽度（直接管辖下属的人数）的关系，还应处理好正式组织与非正式组织的关系。

3.领导职能

领导职能主要指在组织目标、结构确定的情况下，管理者如何引导组织成员去达到组织目标。领导职能主要包括激励下属、指导别人活动、选择沟通的渠道、解决成员的冲突等。

4.控制职能

控制职能就是按既定的目标和标准，对组织的各种活动进行监督、检查，及时纠正执行偏差，使工作能按照计划进行，或适当调整计划以确保目标的实现。控制是重要的，因为任何组织、任何活动都需要控制，而控制是管理职能中的最后一环。

（四）管理的两重性

任何社会生产都是在一定的生产关系下进行的。管理，从最基本的意义来看：一是指挥劳动；二是监督劳动。由于生产过程具有两重性，既是物质资料的再生产过程，又是生产关系的再生产过程，因此，对生产过程进行的管理也存在着两重性：一种是与生产力、社会化大生产相联系的管理的自然属性；另一种是与生产关系、社会制度相联系的管理的社会属性。这就是管理的两重性，也是管理的性质，它是马克思关于管理问题的基本观点。

1.自然属性

自然属性是管理与生产力、社会化大生产相联系而体现出的性质，由共同劳动的性质所决定，是合理组织生产力的一般职能。管理的自然属性不因社会制度和社会文化的不同而变化，主要受生产力发展水平的影响，反映了生产力发展对管理的一般要求。

2.社会属性

社会属性是管理与生产关系、社会制度相联系而体现出的性质，由生产关系的性质和社会制度所决定，是维护和完善生产关系的职能，是管理学的个性。

研究管理的两重性，既有助于人们正确借鉴和吸收国外先进的管理理论和管理方法，也有助于人们总结和吸收我国古代管理思想的精华，还有助于人们对我国当前的管理实践进行考察与研究。

（五）管理的属性

管理的属性是指管理既是科学，也是艺术。罗斯·韦伯说过："没有管理艺术的管理科学是危险而无用的，没有管理科学的管理艺术则只是梦想。"管理的知识体系是一门科学，有明确的概念、范畴和普遍原理等。管理作为实践活动是一种艺术，是管理者在认识客观规律的基础上灵活处理问题的一种创新能力和技巧。管理是科学性和艺术性的统一。

一方面，管理是一门科学，它是以反映管理客观规律的管理理论和方法为指导的，有一套分析问题、解决问题的科学方法论。管理科学利用严格的方法来收集数据，并对数据进行分类和测量，建立一些假设，然后通过验证这些假设来探索未知的东西。管理的这一属性要求人们在社会实践中必须遵循客观规律，运用管理原理与原则，在理论的指导下进行管理工作。管理已形成了一套较为完整的知识体系，具备科学的特点，反映了管理过程的客观规律性。如果不承认管理是一门科学，不按照经济规律办事，违反管理的原理与原则，就会遭到规律的惩罚。

另一方面，管理是一门艺术。彼得·德鲁克说过："管理是实践的艺术。"艺术没有统一模式，没有最佳模式，必须因人而异，因事而异。管理者要做好管理工作，就必须努力学习科学管理知识，并用以指导管理工作，在实践中不断提高管理水平。世界管理大师杰克·韦尔奇说过："管理，要靠好的理念来获胜，而不是靠鞭子和枷锁。要把重点放在整个组织的效能发展上，而不是个人权力的扩张和强化。"管理是充分、合理地运用一系列已有知识的一门艺术。管理是艺术的根本原因在于管理最终是管人，没有人就没有管理，但人不是标准统一的零件和机器，人是有思维和感情的，管理者必须因人、因事、因时、因地，灵活多变、创造性地去运用管理的技术与方法。世界上没有两个同样的人，也没有两个同样的企业。因此，管理永远具有艺术性。

三、经济与管理的区别与联系

在学习经济管理基础知识时，必须明确经济与管理之间的区别与联系，本书之前讲到的经济、管理等问题都是强调了二者之间的区别，下面介绍二者之间的联系。在日常生活中，人们往往把管理与领导等同起来，把管理和经营混为一谈。其实，经济、经营、管理、领导这些概念之间有本质的区别，是与不同范畴相联系的，彼此之间既相互联系，又相互区分，在概念上有相互交叉处，更有显著的不同之处。下面对经济与管理、管理与领导、管理与经营这三对概念进行分析，以便对经济、管理这两个概念有更深入的理解。

（一）经济与管理之间的联系

经济与管理就像是一对孪生兄弟，所有的经济活动中都含有管理活动，所有的管理活动都是在一定的经济规律指导下进行的。与自然规律一样，在一定社会历史条件下的经济规律、管理规律也具有自己的客观性。人们既不能消灭也不能创造与制定这些经济规律、管理规律，任何管理活动都必须遵循经济规律，按照经济规律的要求办事，否则我们的管理就要受到经济规律的惩罚。

1.经济规律指导下的管理活动

管理和经济在现实中是不可分割的，不讲经济的管理与不讲管理的经济都是不可行的。在我国早期历史上，"经济"是经邦济世、经国济民的意思，是讲如何理财和如何管理的社会活动，而在西方语言学中，"经济"一词的出现则是从古希腊"家庭管理"这个词演变而来的，在当时就是管理的意思。

（1）经济活动中的管理活动

任何一种经济活动都需要有人去管理，没有管理的经济活动是不存在的。早期色诺芬根据自己亲自经营和管理庄园的经验写成了《经济论》一书，又名《家庭管理》，此书中体现了经济与管理的一致性。第一，该书提出了经济管理的研究对象，是如何让优秀的主人管理好自己的财产，这是确定管理者的问题；第二，该书明确提出了管理的中心任务，是使原来的财富不断得到增值，这是管理目标问题，也是经济研究的核心问题；第三，该书提出了给予驯服的奴隶较好的待遇，认识到管理要因人而异，可以说这是以人为本管理思想的雏形；第四，该书首次分析了社会分工的重要作用，这是后来管理学上有关组织问题的萌芽。到了 20 世纪 20～30 年代，在管理理论大发展时期，管理理论广泛地吸收了经济学、人际关系学等方面的知识，从而产生了微观经济意义上的管理和宏观经济意义上的管理。

从某种意义上说，企业经营的状况和变化，都是经济规律制约下一定管理行为的结果。有什么样的管理，就会有什么样的经济状况；一定的经济状况，又反映了管理活动的相应水平，这是经济规律制约下管理活动的普遍规律。在社会主义市场经济条件下，微观经济意义上的厂商管理和家庭管理都是在追求利润或效用最大化，企业要按照自主经营、自负盈亏、依靠市场导向进行管理，这种管理水平直接影响经济实体的经济效益、竞争力和兴衰存亡。宏观经济意义上的管理是指在自觉掌握和运用社会发展、经济发展客观规律的前提下，对整个社会以及国民经济的性质、任务、特点、条件等进行估量分析以及科学的预测，制定社会和国民经济的发展方针、计划、目标、政策和制度，确定其发展的根本原则和方法。宏观管理一般包括广义的社会管理、经济管理、信息与发展的管理以及对其各自领域的管理，对中观管理和微观管理起指导作用。如果没有科学的宏观管理，整个经济环境不好，企业的经济活动就无法正常实施。宏观经济意义上的管理最主要体现在国民经济管理上，国民经济管理是广泛运用社会科学、自然科学、技术科学等多学科知识，研究宏观经济运行规律及其管理机制，对国民经济进行科学的决策、规划、调控、监督和组织，以保证整个国民经济的有效运行的管理方式，主要包括消费需求管理、投资需求管理、经济增长调控、产业结构转换与产业组织优化、区域经济管理、涉外经济管理、收入分配调控与社会保障等。由此可见，在人类历史的长河中，管理活动和经济活动历来就像一对无法分离的亲兄弟，更明白地说，任何一种管理活动都是经济活动中的管理活动。

（2）管理活动中的经济规律

在现实经济生活中，任何管理活动都必须遵循客观的社会规律、经济规律和社会心理规律等，其中经济管理活动必须在经济规律指导下进行。经济规律是指在商品生产、服务和消费等过程中各种复杂的经济联系和现象的规律性。经济规律是经济现象和经济过程内在的、本质的、必然的联系和关系。比如供求规律，它是指市场上的商品价格由商品供求状况来做出决定的规律，供求双方或其中任何一方的变动，都会引起商品价格的变动，这个规律是客观存在的。企业管理者在投资、生产、销售、定价等工作中，必须掌握和运用经济规律，不能违背经济规律，因为经济规律是客观存在的，是不以人们的意志为转移的。尊重经济规律，是每一个管理工作者应有的科学态度，人们可以认识和利用经济规律，但不能无视经济规律，任何不按照经济规律办事的人，无论他的动机如何，最终都不可避免地要受到经济规律的处罚。

2.利润最大化及效用最大化目标下的管理活动

（1）利润最大化目标下的企业管理活动

企业是经济研究的对象，也是管理研究的对象。企业是营利性的经济组织，实现利润最大化是每一个企业最重要的经营目标。利润最大化表现为成本既定情况下的产量最大，或产量既定情况下的成本最小。企业追求利润最大化是在管理科学、规范的条件下实现的。只有管理规范、科学，企业才能获得较高的利润，才能为消费者提供更多、更好的商品，才能有能力研制新的产品，才能向国家提供更多的税金，才能使员工得到更多的收入，才有可能获得更好的发展，这是企业生存和进步的必要条件。因此，在环境、技术、设备、资金、主业情况基本相同的条件下，管理规范、科学是实现利润最大化的最重要条件，为此，企业在管理上要尽量做到以下三点：首先，扩大产品的市场需求量，努力提高产品的竞争能力。有需求才能有生产，有生产才能有效益。其次，加强经济核算，努力降低生产成本。利润是收益与成本之差，成本越低，利润就越高。最后，大力发展生产，努力扩大经济规模。产品的生产规模对生产成本有很大的影响，只有在一定的经济规模下进行生产，才能实现既定产量下的成本最小。

（2）效用最大化目标下的个人管理活动

消费者每天都会遇到管理问题，如一天中时间的管理与分配，手中的钱如何管理才能够升值，消费者每天都要就如何配置稀缺的钱和时间做出无数个抉择。当消费者平衡各种各样的需求与欲望时，就是在做出决定自己生活方式的各种决策。消费者是在效用最大化的条件下来做出管理决策的，效用最大化是经济学研究的主要问题，也就是说个人是在效用最大化目标下从事个人的理财、时间管理等活动的。

3.不同体制下的管理活动

资源配置和资源利用的运行机制就是经济制度。从历史的角度看，解决资源配置和资源利用问题的经济制度有自给自足的自然经济制度、计划经济制度、市场经济制度和混合经济制度四种。任何一种社会经济制度都要对既定的、相对稀缺的生产资源进行分配，并用于解决各种问题，即"生产什么""如何生产""为谁生产"的问题。如何配置和利用资源，在不同的经济制度下，有不同的管理方式。从人类发展的历史来看，主要有分散型管理、团队型管理和混合型管理三种。

从经济发展的历史来看，任何经济活动最初始的决策者都是个人，个人对自己物品的管理以及所从事的活动，都可以称为分散型管理。分散型管理的优点是：管理主体能够对自己的劳动资源进行很好的控制，独立的决策权可以使决策主体的动力得到根本保障。分散型管理的缺点是：由于个人能力的限制，决策失误的概率较大；交易费用增加，使决策成本增高。

团队型管理是对资源进行配置的另一种极端方式，即"生产什么""如何生产""为谁生产"的问题全部由团队讨论决定。相比分散型管理来说，团队型管理可以集思广益，汇总到个人无法比拟的丰富信息，使决策建立在信息准确和全面的基础上；可以充分发扬民主，避免个人的主观片面性。但团队型管理的时效差，反复讨论会延误决策时机；团队型管理的人员多，管理成本高；团队型管理往往会导致无人负责或推卸责任的情况发生。

在现实生活中，经常见到的是分散型管理与团队型管理相结合的混合型管理。在企业生产经营中，决策权、人权、财权、最终决定权往往要采取团队型管理，而一些执行权、业务权等往往采取分散型管理。

4.管理与经济利益、经济效益

经济利益是企业和员工发展的共同动力，经济效益是检验企业管理绩效的重要指标，如何使两者得到兼顾与协调，是经济管理中一个重要问题。

（1）管理与经济利益

经济利益是物质的统称，是指在一定社会经济条件下，人们为了满足需要所获得的社会劳动成果。经济利益是经济关系的表现，是人们从事生产和其他一切社会活动在物质方面的动因。从根本上说，人们为了获得自己生存需要的物质文化生活资料，即物质利益，必须进行管理活动，有效管理才能实现社会经济利益。在追求自身的物质利益，实现个人利益的过程中，一个人的管理能力起到主要作用，而个人的素质、敬业是首要条件。个人利益与社会利益在许多情况下是一致的，但有时又是不一致的。当需要人们的个人利益服从社会利益的时候，或者说需要管理者能够自觉地以社会利益去约束自己个人利益的时候，管理者的素质将起到关键作用。加强对管理者的素质教育，并非无视人的个人利益，而是使管理者能够懂得利用人们的利益驱动来进行管理，实现个人利益和社会利益的统一。

（2）管理与经济效益

经济效益是指经济活动中劳动占用、劳动耗费与劳动成果之间的对比关系。经济效益与管理有很大关系。企业管理规范，就会在生产同等成果的条件下，减少生产中的劳动占用和劳动耗费，或在劳动占用和劳动耗费相同的条件下多生产一些劳动成果。一定的劳动占用或劳动耗费所获得的劳动成果越多，经济效益就越好；反之，经济效益则越差。经济效益高低是衡量企业管理水平高低的重要标志，那些能从市场需求状况出发，并努力采用新技术，不断降低成本，完善企业管理和提高管理水平的企业，一般都会产生好的经济效益。

（二）领导与管理的联系与区别

在管理学界，对领导与管理关系的认识存在着很大争议。

1.领导与管理的联系

对于领导与管理之间的关系，目前管理学界普遍认为领导是管理的一项职能，领导是从管理中分化出来的相对独立的组织行为，它们各自具有不同的功能和特点。有的观点认为管理是领导的一项职能，凡是领导都要管理，只不过是管理人还是管理物、信息等，即一个负责人既要从事领导工作，也要承担管理工作。一个组织的负责人管理人时，管理者就是领导者；管理物时，负责人就是管理者。还有一种观点认为领导就是管理，而管理不一定是领导。从以上观点来看，不管哪种观点，都说明了领导与管理之间关系密切，说明领导和管理在社会活动的实践以及社会科学的理论方面，都具有较强的互补性、相容性和复合性。

2.领导与管理的区别

虽然领导与管理之间联系紧密，但是二者之间存在着本质的差别，而且随着社会化程度的提高，这种差别将会愈来愈突出。

（1）含义不同

领导是率领并引导某个组织朝一定方向前进，一般包括引导、导向、带领、率领和指挥等含义；管理是负责并促使某项工作顺利进行，一般包括管辖、处理、约束、运用和安排等含义。

（2）任务不同

领导的主要任务是给组织指引前进方向，为组织确定奋斗的目标。如果一个组织没有奋斗的目标和前进的方向，其一切行为就会成为无源之水、无本之木，都将失去意义。管理的任务在于贯彻落实管理者提出的路线、方针和政策，促使目标的实现，推动组织向既定的方向前进。如果一个组织缺乏强有力的管理，那么一切目标和指向都将成为空洞的口号。

（3）对象不同

管理的对象主要是事，虽也包括人，但多为物、财、信息及管理系统，通过制定各种规章制度、作业手册等来保证管理对象的正常运转；而领导的对象主要是人及其组织：通过调动下属的热情和积极性，激发下属的潜在需求、价值观和情感，从而实现组织的目标。

（4）作用不同

领导的作用主要是统帅和协调全局性的工作。为了有效地指挥一个部门、一个组织的全局活动，领导者要经常协调和解决下属各部门之间的分歧和摩擦，使整个组织和谐发展。管理的作用主要是做好领导安排的局部范围或某一方面的工作，管理者经常要处理好具体部门的业务工作，如质量管理、生产过程控制、产品分析等。领导追求的是整个组织乃至整个社会的效益，管理侧重追求某项工作的效益。

（5）途径不同

领导通过决策为组织指明方向，并通过激励促使下属沿着正确方向前进，克服前进中的困难；管理则通过强制的办法将人们置于正确的方向并对其控制。领导通过满足人们的基本需要，激励他们实现问题的有效解决；管理则通过各种制度约束来解决问题。

（6）工作重点不同

领导着重分析、研究和解决本部门与外界相关的重大、长期和广泛的问题；管理则注重解决部门内的一些非重大、短期、策略性和技术性的具体问题。例如，省、市领导主要是落实中共中央、国务院制定的方针政策和省委的决定，考虑直属下级的机构设置和重大人事任免，处理影响全面工作的重大问题，等等。下属部门的日常工作，均属下级管理活动的范围，领导者不应过多干预。领导的效能是依靠权威发挥引导的作用来实现的，管理则要通过对具体资源的安排和配置来实现管理目标。

（7）时空观不同

领导者着眼于长远，其所确定的目标多在3～5年甚至更长时间，因为领导者所研究的目标都是一个组织或部门的重要目标，没有足够的时间是无法完成的；管理者在计划和预算中只注重几个月，多则一两年，因为管理者要通过完成一个又一个短期目标来支撑领导者提出的中长期目标。同时，领导由于要统率全局，因此更加注重系统性问题、宏观性问题和外部联系性问题，而管理则更加注重微观问题和细节问题。

（8）风险意识不同

一般而言，领导者经常追求有风险甚至危险的工作，机会越是诱人，冒险工作的决心就越大，他们希望通过有挑战性的努力获取更大的效益；管理者更加看重秩序，会本能地回避风险或想方设法排除风险。领导者的职责不是维持现状而是推进组织变革，千百年来多少领袖人物概莫能外，他们有的轰轰烈烈，有的循序渐进，虽然方式不同，但任务都是确定一个目标，然后带领一批人向这一目标迈进；管理者则更加强调维持秩序，因而更习惯于限制，习惯于恪守长期形成的管理原则和制度，因为无规矩不成方圆，"不积跬步，无以至千里"，他们总是小心地看待变革，谨慎地对待风险。

（9）用人方略不同

领导者择人的标准是适应，即适应确定岗位的各方面要求，能够统领其负责的部门或组织；管理者择人的标准是专业化，选择经过专业培训的人来担任各项工作，这样他的工作才能有条不紊，才能更加周密细致。在人员使用上，领导者注重目标激励，强调通过沟通和激励来调动员工的积极性，对有问题的员工进行教育；管理者则注重执行政策，强调员工的服从性，通过组织的力量来完成目标，对有问题的员工进行纪律处分。

（10）处理问题的方法不同

领导者主要处理变化性问题，通过开发未来前景确定前进方向，然后把这种前景与组织中的其他员工进行交流，并通过授权、扩展的激励手段，不时创造一些惊喜来鼓舞他们克服困难，从而达到既定目标；管理者主要处理复杂性问题，常常侧重抑制、控制和预见性，通过制定规划、设计规范的组织结构以及监督计划实施的结果来保持有序的状态。对待长期性问题，领导者力图拓宽新的思路，给予人们新的选择空间；管理者总是习惯于限制性选择，难以给人们提供想象发挥的空间。

（11）情感表现不同

在与他人的关系中，领导者关心的是事情以及决策对参加者意味着什么，管理者关心的是事情该怎样进行下去，因而在工作中和与人交往中，领导者与管理者的情感表现是不同的。领导者常常对工作、对人充满热情和感召力，使用的语言常富有感情色彩，会用极大的热情去描绘未来前景，以唤醒人们强烈的情感，自我超越的欲望推动着他们不断争取心理和社会的变革。他们会给组织带来紧张感，因而常常产生意想不到的收获。管理者无论对待工作还是对待他人都较少情绪化，他们往往缺乏一种凭直觉感受他人情感和思想的能力；在与他人的相处中，他们一方面努力寻求合作，另一方面却又不愿过多投入情感，显得缺乏热情和活力；他们对所处的环境有归属感，认为自己是现有秩序的维护者和监管者，社会赋予了他们指导组织以及平衡现有社会关系的管理能力。

（12）素质要求不同

有人把领导与管理比喻为思想和行为，从某种程度上说明领导者和管理者的素质要求是不同的。如果说管理者是有效地把事情做好，那么领导者则要确定管理者所做的事情是否正确。管理行为的从业人员强调专业化，领导行为的从业人员注重综合素质和整体能力。因此，领导者必须站得更高、看得更远，能为组织指明前进的方向并告知奋斗目标，以敏锐的眼光和超常的智慧找到发展的机遇，判定风险所带来的效益。领导者还必须投入极大的工作热情才能带动群众工作的热情。管理者是问题的解决者，管理不需要天才也不需要英雄主义，而是需要坚持不懈、勤奋工作的思想品质，需要分析能力和忍耐能力，特别是忍耐能力，它对一个优秀的管理者而言是十分重要的。

由此可见，领导与管理的区别是深刻而广泛的。美国著名学者史蒂芬·柯维曾形象地做过这样一个比喻：一群工人在丛林里清除低矮灌木。他们是生产者，解决的是实际问题。管理者在他们的后面拟定政策，引进技术，确定工作进程和补贴计划。领导者则爬上最高的那棵树巡视全貌，然后向大家嚷道："不是这片丛林。"韦尔奇先生也以其丰富的领导实践和人生感悟形象地指出："把梯子正确地靠在墙上是管理的职责，领导的作用在于保证梯子靠在正确的墙上。"这种描述十分形象地揭示了领导与管理之间的差异。

（三）管理与经营的关系

经营是商品经济所特有的范畴，是商品生产者的职能。企业经营是指在企业活动过程中，为实现企业目标所进行的一系列筹划活动。例如，企业对市场、产品、材料和设备的选择以及对消费者、市场行情、竞争者的研究等，都属于经营活动。要把一个企业办好，除了要做好生产过程组织、质量管理、人力资源开发与管理、企业设备管理、信息系统管理等生产管理工作，还要根据企业内部和外部的实际情况，对企业的发展方向、奋斗目标等做好企业战略环境分析、企业内部战略要素分析、企业经营战略分析、企业战略的选择与评估，把研究结果变成科学的决策和实际行动，尽量获得更大的经济效益，这些就是企业的经营。所以，经营是指个人或团体为了实现某些特定的目的，运用经营权使某些物质（有形和无形的）发生运动从而获得某种结果的人类最基本的活动。

经营与管理之间的联系是：经营和管理是企业运营的重要环节，一般将营销和生产称作经营，而其他部分的内容称为管理。经营是指企业进行市场活动的行为，而管理是理顺工作流程、发现问题的行为。经营与管理是相互渗透的，经营中的科学决策过程便是管理的渗透，而管理中的一些观念也是经营意识的体现。经营与管理的主要区别在于：

第一，从它们的产生过程来看，管理是劳动社会化的产物，经营则是商品经济的产物。

第二，从它们的应用范围来看，管理适用于一切组织，而经营则只适用于企业。

第三，从它们要达到的目的来看，管理旨在提高组织效率，要节流，要控制成本；而经营则以提高经济效益为目标，要开源，要赚钱。

第四，从二者的关注点来看，经营是对外的，追求从企业外部获取资源和建立影响；管理是对内的，强调对内部资源的整合和建立秩序。

第五，从二者的地位来看，经营是龙头，管理是基础，管理必须为经营服务。企业要做大做强，必须首先关注经营，研究市场和客户，并为目标客户提供有针对性的产品和服务；然后企业的各项管理必须跟上，只有管理跟上了，经营才可能有保障，企业才可能不断提高经营水平，经营水平提高后，又会对管理水平提出更高的要求。

第六，从两者的内容构成看，管理是经营的一部分。法约尔认为，企业经营包括以下几个方面：技术活动（生产、制造、加工）；商业活动（购买、销售、交换）；财务活动（筹集和适当地利用资本）；安全活动（保护财产和人员）；会计活动（财产清点、资产负债表、成本、统计等）；管理活动（计划、组织、指挥、协调和控制）。从这里不难看出，经营是企业为实现这一基本目的的全部经济活动。从企业的角度看，管理不包括经营，而经营包括管理。企业经营比企业管理范围更广，内容更复杂，层次也更高。

经营与管理是相互依赖、密不可分的。一方面，忽视管理的经营是不能长久的，是不能持续的，挣回来多少钱，又会浪费掉多少钱；另一方面，忽视经营的管理是没有活力的，是僵化的，为了管理而管理，为了控制而控制，企业是无法存活的。

第二节   经济管理研究的内容

随着商品经济的发展和社会分工的深化，人类经济管理活动的内容越来越复杂、丰富，专业化程度越来越高，部门分化越来越细；同时，各种经济管理活动之间、经济活动与其他社会活动之间逐渐相互渗透。为了适应这种现实经济情况的发展，经济管理的研究范围也越来越大，研究的内容也越来越庞杂。

一、经济学研究的基本内容

在传统上，理论经济学通常称为一般经济理论，它分为微观经济学与宏观经济学两个分支。微观经济学研究市场经济中单个经济单位即生产者（厂商）、消费者（居民）的经济行为，而宏观经济学则以整个国民经济为对象，研究国民收入、物价水平等总量的决定和变动。微观经济学和宏观经济学是密切相关的，微观经济学是宏观经济学的基础，二者是个体与整体的关系，是互相补充的，所以要理解宏观经济理论和政策，就必须了解微观经济理论和政策。

（一）微观经济学

1.微观经济学的含义

微观经济学以资源利用为前提，以单个经济单位为研究对象，通过研究单个经济单位的经济行为和相应的经济变量单项数值的决定，来说明价格机制如何解决社会的资源配置问题。

2.微观经济学的特点

微观经济学的核心问题是价格机制如何解决资源配置问题。在理解微观经济学时要注意以下四个特点：

（1）研究的对象是居民与厂商的经济行为

微观经济学研究的对象主体是居民与厂商。居民又称为居民户或家庭，是经济活动中的消费者，同时也是劳动力、资本等要素的提供者。在微观经济学中，假设居民经济行为的目标是追求效用最大化，即研究居民在收入既定的条件下，把有限的收入用于购买什么商品、购买多少商品才能实现满足程度的最大化。厂商又称企业，是经济活动中的生产者，同时也是劳动力、资本等要素的消费者。在微观经济学中，假设厂商经济行为的目标是追求利润最大化，即研究厂商在成本费用既定的条件下，如何实现产量最大化，或在产量既定的条件下，如何实现成本最小化。

（2）解决的问题是资源配置

微观经济学以资源利用为前提条件，研究居民和厂商的资源配置问题，从而使资源配置达到最优化，给社会带来最大的福利。

（3）中心理论是价格理论

在市场经济中，价格是一只"看不见的手"，它始终在引导和支配着居民和厂商的经济行为，生产什么、如何生产和为谁生产都由市场中的价格来决定。价格像一只"看不见的手"，调节着整个社会的资源配置，从而使社会资源的配置达到最优化。价格理论是微观经济学的核心内容，决定价格水平的是需求和供给两个因素，需求是消费者行为理论研究的，供给是厂商行为理论研究的，二者就像剪刀的两个刀片共同决定了支点，即均衡价格。

（4）研究方法是个量分析

微观经济学研究的都是某种商品的产量、价格等个量的决定、变动和相互间的关系，而不涉及总量的研究。

3.微观经济学的基本假设条件

任何一个理论的成立都是有一定前提条件的。微观经济学理论也是以一定的假设作为前提条件的。在微观经济学理论的众多假设条件中，完全理性、市场出清和完全信息是最基本的假设条件。

（1）完全理性

微观经济学假设居民和厂商的经济行为是理性的，居民花费一定的收入进行消费，使自己获得最大的满足，即追求效用最大化，而厂商追求利润最大化。在微观经济学中，居民和厂商的个体最优化行为起着关键的作用，正因为每个居民和厂商的行为都是最优的，所以价格的调节才能使整个社会的资源配置实现最优化，完全理性的价格调节是整个社会的资源配置实现最优化的前提。经济学认为，人都是自私的，任何人首先要考虑的是自己的经济利益，在做出一项经济决策时，要对各种方案进行比较，选择一个花费最少、获利最多的方案，这样的人就是"经济人"，其行为是理性的经济行为。理性的经济行为也可以表述为最优化的行为。

（2）市场出清

商品价格具有充分的灵活性，能够使市场的需求与供给迅速得到平衡，可以实现资源的充分利用，不存在资源闲置或浪费的现象。也就是指在价格可以自由而迅速地升降的条件下，市场一定会实现充分就业的供求平衡状态。

（3）完全信息

完全信息是指消费者和厂商可以免费、迅速、全面地获得各种市场信息，消费者和厂商只有具备完备而迅速的市场信息才能及时对价格信号做出反应，以实现其行为的最优化。比如对于消费者来说，完全信息是指消费者完全了解想要购买的商品的价格、性能、使用后自己的满足程度等。

假设在现实中并非完全符合实际，是不是说假设就没有意义呢？并非如此。经济分析做出假设，是为了在影响人们经济行为的众多因素中，抽出主要的、基本的因素，在此基础上，可以提出一些重要的理论来指导实践。假设是理论形成的前提和条件，但假设在大体上不违反实际情况。

4.微观经济学的内容

（1）价格理论

价格理论，也称均衡价格理论，主要研究商品的价格是如何决定的，以及价格如何调节整个经济的运行。

（2）消费者行为理论

消费者行为理论主要研究消费者如何把有限的收入分配到各种物品和服务的消费上，以实现效用的最大化。这一理论可以解决"生产什么"和"生产多少"的问题。

（3）厂商行为理论

厂商行为理论，也叫生产者行为理论，研究厂商如何把稀缺资源用于各种物品或服务的生产上，从而实现利润最大化。厂商行为理论包括生产理论（研究资源要素与产量之间的关系）、成本收益理论（研究成本与收益之间的关系）和市场结构理论（研究不同的市场结构条件下，厂商产量和利润的决定）。

（4）收入分配理论

收入分配理论研究生产出来的产品按照什么原则来分配，也就是研究生产要素的报酬是如何决定的，即工资、利息、地租和利润是如何决定的，解决为谁生产的问题。

（5）市场失灵与政府干预理论

市场机制不是万能的，该理论主要研究市场失灵的原因、解决办法以及政府干预的必要性。

（二）宏观经济学

1.宏观经济学的含义

宏观经济学以资源配置为前提，以整个国民经济为研究对象，通过研究经济中的总体问题以及各有关经济总量的决定及其变化，来说明社会资源如何才能够得到充分利用。总体问题包括失业、通货膨胀、经济波动、经济增长等，经济总量包括国民收入、失业率、物价水平、经济增长率、利息率等的变动。

2.宏观经济学的特点

在理解宏观经济学的定义时，要注意以下几个特点：

（1）研究的对象是整个国民经济

宏观经济学研究的是整个国民经济的运行方式和规律，从总体上来分析经济问题。它不研究经济中的单个主体，即居民和厂商的行为，而是研究由居民和厂商组成的整体。

（2）解决的问题是资源利用

宏观经济学以资源配置为前提条件来研究资源是充分利用了还是闲置了、通货膨胀对购买力产生的影响、经济增长的途径等宏观经济问题。

（3）中心理论是国民收入理论

宏观经济学以国民收入的决定为中心来研究资源利用问题，从而分析整个国民经济的运行。宏观经济学就是运用国民收入理论来解释失业、通货膨胀、经济周期、经济增长和宏观经济政策等。

（4）研究方法是总量分析

宏观经济学研究个量的总和与平均量的决定、变动及其相互关系，并通过这些总量的变动来分析说明国民经济的运行状况以及宏观经济政策的决定理由。

3.宏观经济学的基本假设条件

（1）市场失灵

市场机制发挥作用的前提是完全竞争的市场结构，但在现实生活中，公共物品、外部性、垄断和信息不对称等的存在导致市场机制无法达到最优的资源配置。这种假设是政府干预经济的前提。

（2）政府有能力调节经济，纠正市场经济的缺陷

市场失灵只是为政府干预经济提供了前提，但政府是否能够解决市场失灵问题，还得看政府是否具备解决市场失灵问题的能力。宏观经济学假设政府有能力调节经济，纠正市场经济的缺陷，并能实现最优化的资源配置。

4.宏观经济学的内容

（1）国民收入理论

国民收入是衡量资源利用情况和整个国民经济运行情况的基本指标。国民收入理论就是从总供给和总需求的角度来分析国民收入的决定及其变动，它包括国民收入核算体系和国民收入决定理论，是宏观经济学的中心。

（2）失业和通货膨胀理论

宏观经济学从有效需求不足的角度来分析失业，并且把失业与通货膨胀理论联系起来，分析二者的原因、相互关系以及解决途径。

（3）经济周期与经济增长理论

经济周期理论研究的是国民收入的短期波动，而经济增长理论研究的是国民收入的长期增长趋势。

（4）宏观经济政策理论

宏观经济政策是国家干预经济的具体措施，主要包括政策目标、政策工具和政策效应。

（三）微观经济学与宏观经济学的关系

微观经济学研究的是经济中居民和厂商的经济行为，宏观经济学研究的是经济运行中的总量，二者在研究的对象、解决的问题、中心理论和研究方法上有不同之处。但作为经济学的两个组成部分，它们之间并不是互相割裂的，而是相互关联、互为前提、彼此补充的两个分支学科。

第一，微观经济学与宏观经济学是互相补充的。经济学的目标是实现社会经济福利的最大化。为了达到这一目标，既要实现资源的最优配置，又要实现资源的充分利用。微观经济学与宏观经济学分别解决资源配置与资源利用问题，正是从不同的角度来推动实现社会经济福利最大化的，所以，它们之间是相互补充的，而不是相互排斥或互不相关的。

第二，微观经济学与宏观经济学都采用了实证分析法，属于实证经济学。这就是说，

它们都要说明经济现象本身的内在规律，即解决客观经济现象是什么的问题，而不涉及应该是什么的问题。经济学的科学化也就是经济学的实证化。努力使所研究的问题摆脱价值判断，只分析经济现象之间的联系，是微观经济学与宏观经济学共同的目的。所以，实证分析是微观经济学与宏观经济学的共同方法论。

第三，微观经济学与实证经济学都以市场经济制度为背景。不同的经济在不同的经济体制条件下运行，不同经济体制条件下的经济运行有不同的规律。经济学离不开一定的经济制度，它总是以一定的经济制度为背景。微观经济学与宏观经济学都是市场经济的经济学，分析市场经济条件下经济的运行规律与调控。市场经济体制是它们共同的背景，它们都是在假设市场经济为既定的前提下来分析经济问题的。微观经济学与宏观经济学都以市场经济制度为背景，所以在分析具体问题时，都把这一制度作为既定的条件。

第四，微观经济学是宏观经济学的基础，宏观经济学是微观经济学的自然扩展。整个经济状况是单个经济单位行为的总和，所以分析单个经济单位（即居民和厂商）行为的微观经济学就是分析整体经济的宏观经济学的基础。这一点已为所有经济学家所承认。但对于如何把微观经济学作为宏观经济学的基础，不同流派的经济学家则有不同的解释，至今也没有一致的认识。目前，在宏观经济学中影响较大的理性预期学派主张从微观经济学的市场出清与完全理性假设出发来把微观经济学与宏观经济学统一起来，但并没有完全成功。

二、管理学研究的对象和内容

（一）管理学研究的对象

管理学研究的对象包括生产力、生产关系、上层建筑等三个方面。管理学研究的对象是管理的客观规律性，即如何按照客观自然规律和经济规律的要求，合理组织生产力，不断完善生产关系，适时调整上层建筑以适应生产力的发展，并从管理中总结、归纳、抽象和概括出科学原理。它着重研究管理的客观规律和具有共性的基本理论，具体包括以下三个方面：

1.合理组织生产力

主要研究如何配置组织中的人力、财力、物力等各种资源，使各要素充分发挥作用，以实现组织目标和社会目标的相互统一。因此，怎样计划安排、合理组织以及协调、控制这些资源的使用以促进生产力的发展，就是管理学研究的主要问题。

2.完善生产关系

主要研究如何处理组织中人与人之间的相互关系，尤其是管理者与被管理者之间的矛盾关系问题；如何建立和完善组织机构、安排人员以及解决各种管理体制问题；如何激发组织内部成员的积极性和创造性，使其为实现组织目标而服务。

3.适时调整上层建筑

主要研究如何使组织内部环境与其外部环境相适应的问题；如何使组织的规章制度与社会的政治、经济、法律、道德等保持一致，建立适应市场经济发展的新秩序和规章制度，从而维持正常的生产关系，促进生产力的发展。

（二）管理学研究的内容

根据管理的性质和管理学研究的对象，管理学研究的内容主要包括以下几个方面：

1.管理理论的产生和发展

管理理论和管理思想的形成与发展，反映了管理学从实践到理论的发展过程，研究其产生和发展是为了继承和发展管理理论，建设现代的管理理论。通过对管理理论的产生和发展的研究，可以更好地理解管理学的发展历程，有助于掌握管理的基本原理。

2.管理的基本原理与原则

任何一门科学都有其基本的原理，管理学也不例外。管理的基本原理是指带有普遍性的、最基本的管理规律，是对管理的实质及其基本运动规律的表述。诸如决策的制定、计划的编制、组织的设计、过程的控制等，这些活动都有一个基本的原理和原则，是人们进行管理活动所必须遵循的。

3.管理过程以及相应的职能

主要研究管理活动的过程和环节、管理工作的程序等问题。此外，还要研究管理活动的效益和效率与管理的职能之间的密切联系。管理职能主要是计划、组织、领导与控制，这是管理最基本的职能。

4.管理者及其行为

管理者是管理活动的主体。管理活动成功与否，与管理者有着密切关系。管理者的素质、领导方式、领导行为、领导艺术和领导能力，对管理活动起着重要的作用。

5.管理方法

管理方法是实现管理目标所不可缺少的，因而它是管理学研究的重要内容。管理的方法有很多，如行政方法、经济方法、法律方法等。一般而言，凡是有助于实现管理目标的各种程序、手段、技术都可以归于管理方法的范畴，所以管理方法包括各种管理技术和手段等。管理功能的发挥、管理目标的实现，都要运用各种有效的管理方法去实现。

6.分类管理学的理论与方法

管理学一方面是一门应用多学科的理论、方法、技术而形成的综合性交叉科学，另一方面又与实践活动紧密相连，这就造成管理学的内容十分庞杂，甚至一些长期研究管理学的学者也很难厘清管理学的内容体系。当研究某个部门的管理活动时，往往涉及企业管理、科技管理、教育管理、卫生事业管理、国际贸易管理、公共行政管理等多方面内容。

三、经济管理基础知识研究的内容

为了适应市场经济的需要，人们应该了解更多有关经济管理方面的知识，以合理地处理日常生活中经常遇到的经济管理问题以及工作中所面临的问题。人们如果缺乏现代的经济管理基础知识，就不能很好地处理各种经济管理问题。为了提高自身的文化素养，人们需要掌握以下最基本的经济管理基础知识：

一是市场经济理论，主要了解市场经济、市场机制、市场体系和现代企业制度四个方面的内容。

二是宏观经济分析，主要掌握宏观经济分析的各种指标、就业与失业、总需求与总供给、宏观经济政策分析。

三是企业管理基础知识，主要了解现代企业经营管理、现代企业生产管理和现代企业战略管理的基础知识。

四是市场营销基础知识，主要掌握分析市场营销机会、进行市场营销管理、制定营销策略等方面的本领。

五是货币银行基础知识，主要掌握货币与货币制度、利息与利息率、金融市场与金融工具、金融机构体系以及货币供求与均衡等方面的知识。

六是会计基础知识，主要掌握会计科目与账户、复式记账原理及其应用、工业企业主要经营过程的核算和成本计算、会计凭证与会计账簿、财产清查与财务会计报告等内容。

七是统计基础知识，主要掌握统计设计、统计调查、统计整理的方法和综合指标、统计指数的计算以及相关分析与回归分析。

第三节　研究经济管理的方法

一、研究经济管理的一般方法

（一）研究经济管理的方法论基础

研究经济管理的方法论基础是指在研究经济和管理现象时是以辩证唯物主义和历史唯物主义为哲学基础，还是以唯心主义或机械唯物主义为哲学基础。唯心主义或机械唯物主义往往不能尊重客观事实和经济现象的本质联系，只会机械地套用某种原理和方法，对实际情况调查研究不够深入，在认识上有主观片面性，往往违背经济管理规律和事物的客观规律来办事。辩证唯物主义和历史唯物主义尊重客观事实和经济现象的本质联系，能够实事求是地从矛盾的发展变化中、从事物的相互联系中研究各种经济活动和各种经济关系，能够按照事物的客观规律进行管理活动。这是研究经济管理问题的方法论基础，并不是把资产阶级和社会主义的经济管理对立起来。有些资产阶级经济管理的某些内容或经济管理的规律、方法，由于尊重客观事实和经济现象的本质联系，也会不自觉地符合辩证唯物主义和历史唯物主义的方法论。而社会主义经济建设中的某些经济管理内容和一些做法，由于对实际情况调查研究得不够深入或认识上过于主观片面，有时也会陷入教条主义，违背辩证唯物主义和历史唯物主义这一科学方法论。

（二）重视案例研究和分析

在研究经济管理现象时，要选择正、反两方面的案例进行剖析、讨论。案例分析法是指通过对经济管理活动的典型案例进行全面分析，从而总结出理论、经验和规律的研究方法。这一方法在西方国家的经济管理教学中被广泛采用，无论是在理论上还是在实践上效果都很好，不但能帮助人们理解经济管理的现象，激发人们学习经济管理的兴趣，而且有利于培养并提高人们分析和解决问题的能力。在研究经济管理案例时，要活学活用，不能不顾时间、地点和条件等因素的改变而死记硬背，生搬硬套，这样会给人们的经济管理工作造成巨大的损失。

（三）向经济工作者和管理者学习经济管理知识

经济和管理工作是一项科学和艺术相统一的工作。成功的经济工作者和管理者都是能够灵活运用经济学和管理学理论的艺术家。任何希望在经济管理实践中实现自身价值的人，都应该向一线的经济工作者和管理者学习，包括他们成功的经验和失败的教训，并从他们的智慧中汲取营养。

二、研究经济管理的具体方法

研究经济管理的具体方法是指在研究各种经济管理活动、经济关系、管理关系及其规律性时所采取的具体方法，如实证分析法、规范分析法、均衡分析法等，这些研究方法不同于现代经济管理中常用的经济方法、行政方法、法律方法和教育方法等。它们是研究经济现象和管理现象的方法，而不是经济管理实践中采用的方法。它们对经济和管理的各门学科也都具有普遍性，只是由于不同的学科在研究对象上有所差别，因而在运用这些研究方法时也会有所侧重，有所不同。

（一）实证分析法和规范分析法

实证分析法和规范分析法之间的区别主要在于其方法论基础是感性认识论还是理性认识论。人们在研究经济和管理现象时，会采用两种方法：一种是只考察经济现象是什么，即经济现状如何，为何会如此，其发展趋势如何，至于这种经济管理现象好不好、该不该如此，则不做评价。这种研究方法被称为实证分析法。另一种是对经济现状及变化做出好与不好的评价，或是该与不该的判断，这种研究方法被称为规范分析法。

1.实证分析法

实证分析法撇开或回避一切价值判断（即判断某一经济事物是好是坏、对社会有无价值，属于社会伦理学范畴，具有强烈的主观性与阶级性），在做出与经济管理行为有关的假定前提后，只研究现实经济管理事物运行的内在规律，并分析和预测在这些内在规律下人们经济管理行为的效果。它力求说明"是什么"或"怎样"的问题，或回答如果做出某种选择，会带来什么后果的问题，而不回答是否应该做出某种选择的问题。实证分析法研究的内容具有客观实在性，其结果可以用事实、证据或者从逻辑上加以证实或证伪，因此实证分析的命题有正确和错误之分。实证研究的目的是了解经济和管理如何运行。

2.规范分析法

规范分析法以一定的价值判断为出发点，提出某些伦理信条和公平标准等作为分析处理经济和管理问题的标准，并研究如何才能符合这些标准，它力求回答"应该是什么"或"应该怎样"的问题，它涉及是非善恶、应该与否、合理与否的问题。由于这类问题涉及伦理、价值，所以只能靠政治辩论和决策来解决，而不能仅仅依靠经济和管理活动来解决。

3.实证分析法和规范分析法的区别

实证分析法和规范分析法作为两种不同的经济管理分析方法，具有三个方面的区别：

第一，有无价值判断。规范分析法是以一定的价值判断为基础的，而实证分析法则避开价值判断。

第二，二者要解决的问题不同。规范分析法要解决"应该是什么"的问题，而实证分析法要解决"是什么"的问题。

第三，内容是否具有客观性。规范分析法由于以一定价值判断为前提条件，因此不同的人得到的结论是不同的；而实证分析法的内容则具有客观性，可以用客观事实来检验其正误。

在分析经济管理现象时，实证分析法是主要的方法，但规范分析法也是不可缺少的。二者是互相联系、互相补充的，规范分析法要以实证分析法为基础，而实证分析法也离不开规范分析法的指导。

（二）均衡分析法和边际分析法

均衡分析法和边际分析法是分析经济现象时最常采用的方法。

1.均衡分析法

最早在经济学中使用均衡概念的是英国经济学家马歇尔。均衡分析法就是分析各种经济变量之间的关系，并说明均衡的实现及其变动的方法。它是经济理论研究的一种重要方法。均衡分析法可以分为局部均衡分析法与一般均衡分析法。局部均衡分析法是指在假定其他条件不变的条件下，考察单一商品市场均衡的建立与变动。一般均衡分析法是指在充分考虑所有市场的相互关系的情况下，考察各个市场之间均衡的建立与变动状况。

2.边际分析法

边际分析法是经济学的基本研究方法之一。在经济学中，边际是指每单位投入所引起的产出的变化，是增量的意思。边际分析法在经济学中有较多的应用，主要涉及边际成本和边际收益两个重要概念。边际成本是指每增加一个单位的产品所引起的成本增量；边际收益是指每增加一个单位的产品所带来的收益增量。厂商在判断一项经济活动的利弊时，不是依据它的全部成本，而是依据它所引起的边际收益与边际成本的比较。若前者大于后者，这项活动就对厂商有利，反之则不利。当边际收益等于边际成本时，厂商的经济活动则处于最优状态。

（三）静态分析法、动态分析法和比较静态分析法

1.静态分析法

静态分析法是指分析某一时点上的经济管理现象，完全抽象掉了时间因素和具体的变化过程，不涉及时间因素所引起的变动的一种横断面分析方法。如研究均衡价格时，不考虑时间、地点等因素，并假定影响均衡价格的其他因素，如消费者偏好、收入及相关商品的价格等静止不变，单纯分析该商品的均衡产量和均衡价格的决定。

2.动态分析法

动态分析法是考虑了时间因素，把经济管理现象当作一个变化的过程，对从原有的状态过渡到新的状态的实际变化过程进行分析的方法，是一种时间序列分析。

3.比较静态分析法

这是经济学中经常采用的分析方法，是指对个别经济现象的一次变动后，不对转变

时间和变动过程本身进行分析，而只是对两个和两个以上的均衡位置进行比较的一种均衡分析方法。

（四）历史研究法和理论联系实际的方法

1.历史研究法

历史研究法就是对以往的经济、管理理论与方法以及实践进行研究，以便从中发现和概括出规律性的内容，并做到"古为今用，洋为中用"的研究方法。中华民族是一个具有悠久历史的伟大民族，我国历史上的经济思想、管理思想和一些经济管理经验为世界所瞩目。这些思想与经验有待于我国人民去总结和发扬。

2.理论联系实际的方法

理论联系实际的方法有两个方面：一是把已有的经济管理理论与方法运用到实践中去，通过实践来检验这些理论与方法的正确性与可行性；二是通过经济与管理的实践和试验，把实践经验加以概括和总结，使之上升为理论，并利用该理论去补充和修正原有的经济和管理理论。

（五）调查研究法、试验研究法和比较研究法

1.调查研究法

经济和管理的理论与方法来自实践。调查研究是在市场经济条件下进行经济管理活动的一个最基本要求，是收集第一手材料的好办法。通过调查才能掌握全面的真实材料，才能弄清经济和管理中的经验、问题、发展趋势，并从大量事实中概括出规律性的内容作为理论的依据。

2.试验研究法

试验研究法也是一种常用的研究方法，它是在一定的环境条件下，经过严格的设计和组织，对研究对象进行某些试验考察，从而揭示出经济管理的规律、原则和方法的研究方法。试验研究法是一种有目的、有约束条件的研究方法，应事先做好计划和安排，方能取得良好效果。

3.比较研究法

比较研究法是研究经济管理的一个重要方法，是当今比较经济体制学、比较管理学等学科产生与发展的基础。这一方法就是通过历史的纵向比较和各个国家的横向比较，

寻其异同、权衡优劣、取长补短，以探索经济管理发展的规律的研究方法。这一方法在当今世界经济管理科学的发展和先进的经济管理经验、方法、理论的传播方面发挥着巨大的作用，推动了经济管理科学和实践的迅速发展。

（六）定性分析法和定量分析法

1.定性分析法

定性分析法亦称非数量分析法，是一种在没有或不具备完整的历史资料和数据的情况下所采用的分析方法，主要依靠预测人员的丰富实践经验以及主观的判断和分析能力，推断出事物的性质和发展趋势，属于预测分析的一种基本方法，包括专家意见法、德尔菲法等。

2.定量分析法

任何事物（包括经济现象和管理现象）不仅有其质的规定性，还有其量的规定性，在量的变化突破了一定的临界点之后，就会引起质的变化。现代经济和管理离不开定量分析法，定量分析法已经成为主要的分析方法。在研究经济管理问题时，应尽可能地进行定量分析。一门科学只有同数学相结合，才能成为较完善的精确科学。

第二章 经济管理体制

第一节 经济管理体制的优化

虽然我国经济发展迅速，但在发展过程中还存在一些问题，如农村经济发展缓慢、中小型企业发展受到阻碍等，这些问题制约着我国经济的可持续发展。因此，政府机构要根据时代的需求不断完善市场经济管理体制，同时，根据实际发展需要不断对经济结构进行调整，完善市场秩序，保证经济管理体制能够适应社会的发展，从而助力我国经济健康发展。

为了优化经济管理体制，政府可以采取以下措施：

一、优化经济结构

政府相关部门应该从实际出发，制定相关政策，不断优化经济管理体制，促使市场经济结构转型；同时，应逐步增加第三产业的比重，促进整体经济的可持续发展。政府应该加大对高新技术、公共行业、涉及国家安全的行业的扶持力度，加大打击危及生态环境的重污染行业的力度。此外，为了进一步促进社会资源的优化配置，政府应该制定相关的政策，以引导、调整市场消费结构，从而进一步推动国企改革，避免不同行业的垄断行为；政府还应该分析国有企业的发展特点，并结合我国实际国情，逐步调整国有企业的经济结构，为其他企业的经济结构调整起到模范带头作用，从而促进我国经济结构的全面调整。

二、调整市场经济秩序

目前，政府在进行经济管理的过程中，虽然将重心大多放在了国有企业和国有资产上，但对国有企业和国有资产的管理力度却不够，导致市场经济秩序调整的重心发生偏移，不能达到良好的管理效果。因此，为了能够有效地调整市场经济秩序，政府应该加大对国有企业和国有资产的管理力度，根据实际情况逐步调整国有经济的市场秩序，从而为国有经济的发展提供多样化的机遇，促使国有经济平稳发展。

首先，政府机构不应该干预企业的发展，应该完善企业的经济管理制度，采取适当的措施给企业减负，从而促使企业不断改革，不断适应社会主义市场经济；其次，国有企业的改革刻不容缓，在进行国有企业改革的过程中，要注重政府与企业的分离，以产权改革为着力点，逐步建立现代企业制度，细化企业的产权和职责，同时，为了防止政府部门垄断企业管理，还应该逐步完善监督运营机制；最后，由于国有经济在市场经济中占有重要地位，所以市场经济布局的调整应从国有企业入手，同时，政府应该为中小型企业提供更大的发展空间，促使其不断发展，为市场经济结构提供新的活力。

三、促进城乡、企业协调发展

现阶段，我国农村经营体制改革和税收体制改革提高了农业生产力，并取得了良好的成绩；大型农业设备的引进不仅降低了农民的工作量，还增加了农民的收入，从而逐步缩小了城乡经济差距。为了进一步缩小城乡经济差距，当地政府可以定期组织乡镇管理人员开展座谈会，综合分析各乡村发展过程中出现的问题，从而制定出合理的乡村发展方案（如发展旅游业、种植项目等），不断提升乡村经济效益。

社会的发展与进步离不开企业的推动，企业是国民经济正常发展的重要组成部分。政府需要创新经济体制，降低企业发展的负担，根据实际情况不断完善企业规章制度，促进企业的良好发展。当地政府也应该制定中小型企业扶持政策，建立"大帮小"的企业合作模式，促使大型企业与中小型企业同步发展。中小型企业可以借鉴大型企业的优秀发展经验，不断提高自身的经济效益；而大型企业也可以通过带动中小型企业发展的行为，提高自身的社会地位；两者通过合作学习，可以不断完善企业制度，从而实现优势互补，持续性地发展和进步。

总而言之，为了逐步优化我国的经济管理体制，政府应该注重国有经济体制的改革，逐步将计划经济体制转化为市场经济体制，从而促使我国经济管理体制不断适应时代的需要。在优化经济结构和调整市场布局的基础上，政府也要注重乡村、中小型企业的经济改革，从而不断完善我国的经济管理体制，进一步推动我国国民经济的发展。

第二节 经济管理体制的完善

关于经济管理体制的内涵，不同的人有不同的看法。有些人认为，经济管理体制属于上层建筑；也有些人认为，生产管理系统关系的存在，对丰富经济管理体制有重要作用。总结经济管理制度的内容，主要有以下几个方面：

第一，结构和制度体系包括不同的经济成分和不同的运作方式。

第二，国民经济运行过程中的经济管理系统包括经济管理的主要内容、构成等。

第三，经济组织管理机构的职责、利益和权力的分配涉及企业整体的责任、利益和权力的分配，以及企业领导的分配。

第四，经济管理制度包括各级监督管理在内的监督管理体制，以及确保经济的良性运行和满足经济发展的需要。

一、经济管理体制发展的难点

第一，随着社会的发展，人们需要更多的公共服务，同时，也渴望维护自己的权益，这种情况与政府提供的公共产品和公共服务相矛盾。在我国注重工业化发展的过程中，人民群众有较高的物质文化需求，对政府的期望也越来越高。但是，我国的实际情况不同于发达国家。我国人口众多，幅员辽阔，城乡经济存在一定的差距，这种状况不可能在短期内消失。另外，受国家财力的影响，政府提供的公共产品与公共服务也不可能一步到位，要循序渐进，在教育、卫生、社会保障等各个方面寻求新的突破，这种状况也不符合人民群众对政府的要求与期望。

第二，在改革过程中，行政体制改革深刻地影响着整体的改革进程。尤其是随着改革的深入发展，行政管理体制改革不仅影响经济体制改革，还影响政治体制改革，其在改革中处于非常关键的地位。所以，只有做好行政管理体制改革，才能顺利开展各项改革。

第三，如果政府要通过经济手段和法律手段逐步发展出一种管理模式，那么中间一定会有很多困难。首先，政府部门要转变观念，淘汰计划经济体制下的各种认识，逐步从政府主体发展成市场主体；其次，不能过多地利用行政手段影响经济活动，也不能过多地进行微观管理，而应该实行宏观管理，在管理过程中多应用法律与经济的方式，建设法治型政府，做到依法行政；最后，要遵循规律。

二、完善经济管理体制和市场秩序的对策

（一）进一步加大宏观调控的力度

要充分发挥国债在国家宏观调控中的作用，正确引导社会投资活动。投资的增长速度将直接影响我国经济发展的速度。因此，要将社会投资活动与国债联系起来，找到两者之间的平衡点，实现经济快速增长。在投资增长的过程中，可以采用相应的方式来促进消费。高消费能力和高消费水平对社会投资起着一定的促进作用。只有将消费与投资相结合，并保持两者之间的互动关系，才能对经济发展起到积极的作用。

（二）创新体制，调整结构

技术进步和生产力发展的主要动力来自企业，而国家经济良好的发展是企业具备活力和生命力的重要条件。当前，经济体制中还存在一些问题，主要原因在于企业活力不足。在当代经济管理制度中，国家对企业的限制、要求比较多，这给企业增加了许多无形的压力。要解决企业管理机制中存在的问题，就要减少政府对企业的过多干预，保持政策的灵活性，减少企业的生存压力。企业应结合社会主义市场经济原则，制定适合企业生存发展的规章制度，确保企业员工的合法权益，使员工劳动和生产的积极性得以提升，彻底改变原来的劳资制度，促进企业经济效益的提升。

企业可以通过调整市场经济体制，制定相应的政策，实现对资源的优化配置，达到合理利用资源的目的；加快寻找经济增长点，优化消费结构，利用升级优势，达到优化

产业结构的目的。受到计划经济影响的国有企业，要转变企业管理方式，对企业体制进行改革。虽然某些企业的市场竞争力较强，但受外在因素的影响，企业利润较低。因此，企业在市场经济环境下，需要结合自身情况优化企业结构。

（三）加强农村改革，实现协调发展

我国国民经济的基础在农村，农业对我国的经济建设做出了巨大的贡献，也为现代城市提供了物质保障。随着新政策的不断实施，城乡一体化得到了发展，一些乡镇改革取得了显著成效。在农村改革的过程中，要优化、重组党政机构，促进党政机构办事效率的提升，同时为新农村的发展注入活力；要完善财政管理体制，加大管理农村债务的力度。

随着改革试点的不断推进，我国在农村改革方面积累了丰富的经验，经济体制和税收制度改革逐渐减轻了农业生产的负担，但是随着经济的进一步发展，农业经营体制也出现了很多问题。生产效率的不断提升，不仅增加了农副产品的产量，还改变了供求关系，凸显了农业生产结构中的矛盾。在市场上，农副产品的价格增长较为缓慢，这也是农村经济发展面临的问题。不同地区的经济增长情况也不同，经济收入方面的差距也较大，这逐渐拉开了城乡经济发展水平的差距。

三、调整经济管理体制的结构

（一）促进经济布局调整

制定长远的发展战略，有效调整国有经济结构。过去，国家只注重国有资产及其管理，忽视了国有资本经营的重要性。如今，制定发展战略时需要转变这种观念，要将国有资本的管理作为重点，实现经济效益的最大化，促进多元化的产权局面的形成。在分析我国目前的经济管理体制时，要综合考虑我国现有的经济状况和国有企业所处的地位，通过控制国有企业来实现对国民经济的调控。我国的国有经济涉及不同的行业和领域，同时也关乎国家的安全和发展，因此需要加大对公共产品和高新技术的研发，促进企业不断发展。

（二）加强国有企业改革

要将国有企业改革作为完善经济管理体制的一项重要措施。重视改革，加大相关改革的力度，将二者有效结合，从而实现共同进步、共同发展，在实践中获得突破性发展。

（三）促进小型企业和大型企业的共同发展

在发展大型国有企业的同时，要加大对小型企业的扶持。国有企业要实现战略性改组，增强国有经济的实力和发展能力，制定正确的战略，进一步完善国有企业制度；实现国有企业和非国有企业的联合、兼并，促进其合作关系的专业化和社会化；加大对国有企业自主知识产权的研发力度，使国有企业逐渐形成核心竞争力，促进其产品的研发和自主创新能力的发展。小型企业要利用资产重组的机会，出让经营权，优化所有财产的组织形式，增强自身在市场上的独立竞争能力。

我国的经济体制已从原来的计划经济体制过渡到市场经济体制，市场的调节已取代了计划经济体制。在这个过程中，市场与社会、政治、经济的关系日渐紧密，促进了经济的快速、健康发展。虽然在经济发展的过程中会遇到各种各样的挫折和困难，但在国家宏观调控和不断实践探索下，经济管理体制将逐渐完善，国民经济也将得到更好的发展。

第三节 经济管理体制的改革趋势

改革开放以来，我国开发区依靠优惠政策、体制优势和有效运营，已发展成为各地重要的经济增长点，发挥了区域经济发展的窗口、示范和辐射作用。但是，随着经济全球化趋势的加快和我国市场经济体制改革的深化，开发区原有的政策与体制优势逐渐减弱，管理体制与经济社会发展要求不相适应的矛盾和问题日益凸显。因此，迫切需要加大改革、创新的力度，破除体制机制障碍，继续保持快速、健康的发展势头。

一、开发区的主要管理体制类型

目前，开发区的管理体制主要有以下三种类型：

第一种是准政府的管委会体制。这类开发区管委会是辖区政府的派出机构，其主要职能是经济开发的规划和管理，为入区企业提供服务，其不仅具有经济管理权限及相应的行政权力，还拥有一定的行政审批权。大部分的开发区在建设初期都采取了这种模式，国家级开发区也较多实行这种管理体制。其主要特点是管委会代表政府对开发区内的发展规划、投资建设、招商引资等进行管理，其内设机构较精干，运行效率较高。

第二种是开发区管委会与行政区政府合一的管理体制。开发区管委会与所在行政区政府有机结合，以管理为主，兼顾行政区管理，实行"一套机构两块牌子"的运行机制。其内设机构基本保持开发区管委会的架构，适当保留行政区政府必要的机构和职能。实行这种管理体制的开发区，一般会覆盖整个行政区，或开发区就是原行政区的一个组成部分。近些年来，我国各地均有开发区采用此模式，以东部发达地区居多。这种模式的主要特点是整合开发区和所在行政区政府的行政管理、社会管理、公共服务等职能，使开发区管委会能够充分行使职权，在处理开发区内经济发展事务的同时，还有权处理区域内的社会事务，在一定程度上扩大了管委会的权限范围。由于开发区拥有较为独立的行政地位和职权，所以管委会可以根据该地区的特点，因地制宜地开展区域内有关经济社会的创新和改革。

第三种是以企业为主体的管理体制。在这种管理体制中，开发主体不是一级行政组织或政府派出机构，而是企业化的开发运营管理公司，由地方政府授权，实行市场化运作，对开发区内的规划、投资建设和招商引资等事项进行管理。这种管理体制的功能比较单一，主要以经济效益为导向，弱化了行政管理职能。以企业为主体的管理体制的最大优势在于直接面对国内外市场，并以市场为导向，可以较为灵活地调整开发区的战略战术，可以通过上市融资来进行资本运作，有效地解决开发区在建设中的资金短缺等问题。其最大的不足就是与政府部门协调不畅，缺少政府的支持，管理力度较弱，社会认可度较低。一些规模较小、产业单一的工业园区采用此模式。

二、开发区管理体制存在的突出问题

自改革开放以来，我国开发区在管理体制和运行机制等方面不断探索创新，有力地保障了开发区的建设发展。但是，随着改革的不断深入，一些深层次的矛盾和问题逐步显现出来。

（一）开发区的功能定位有偏移

现有开发区的功能定位大都是作为区域经济发展的先导区和示范区，利用当地资源优势和区域优惠政策，高效引进外资、吸引先进技术，以区内经济带动区外经济发展。大多数开发区采用"准政府"的管理体制，这使得开发区不仅不能像一级政府那样将管理服务全覆盖，还要接受各方面的考核，其开发功能、经济功能和创新功能均被淹没在繁杂的行政和社会事务中，削弱了招商引资和创新发展的能力。随着开发区建设规模的扩大，其承担的管理服务职能也越来越多，而随着国家宏观政策的不断调控，开发区以前享有的一些特殊政策和经济管理权限被逐渐削弱。开发区逐渐趋同于普通行政区，导致开发区功能定位出现偏移。当前，开发区面临着转变经济发展方式、优化调整产业结构、促进产业升级发展、打造城市经济核心区的良好机遇和重大挑战。要应对这种机遇和挑战，就需要在新形势下明确开发区的功能定位，以适应开发区转型升级成为"区域经济引擎"和"城市化加速器"的目标要求。

（二）开发区管委会的主体地位不明确

开发区管委会作为政府派出机构，其主体地位在目前的地方政府组织法中没有明确界定，相关规定散见于地方出台的各管理条例和中央有关部门规章之中，如吉林省政府出台的《长春经济技术开发区管理条例》等。但这些地方性法规和部门规章只明确了开发区管委会的一些行政管理权限，并没有在法律上确立开发区的功能定位、管理模式、组织原则和组织形式等。开发区的法律地位不明确，会导致其制定的地方性法规与现行法律法规相冲突，最终难以执行。另外，管委会的性质没有明确的立法界定，其行政主体地位一直备受质疑，管委会依法管理开发区事务有一定的阻碍。当前，全面深化改革和推进治理能力现代化，要求开发区与区域社会形成良性互动关系，构建开放型经济新体制；建立法治政府和服务型政府，势必要求开发区管委会在法律上明确其主体地位。

开发区管委会若继续作为政府派出机构，则需要建立一套关于开发区的法律法规体系或对现行的法律法规进行修订。从国家层面来看，为属于地方政府管理的功能试验区制定或修订法律法规的难度较大；但若是通过改革融入所在行政区政府，按照现行法律法规管理是没有问题的。开发区管委会何去何从的问题涉及多个方面，是一个关系到理顺开发区与政府、企业、社会之间的关系，以及实现依法治国，推进行政体制改革的重要问题。

（三）开发区管委会的职责权限不明晰

由于开发区在国家法律层面上没有明确的法律地位，所以其管委会所拥有的审批权等各项权限都是由地方政府自行规定的。有立法权限的地方通过地方性法规或者政府规章的形式对管委会进行授权或者委托；没有立法权限的地方通过行政规范性文件进行委托。由于这些委托本身就存在法律依据不足的问题，因此会导致管委会与上级政府和工作部门之间的管理权限划分不清楚、关系不顺畅。权限划分不清，会导致一些开发区与上级政府工作部门出现责任关系不明确和权限交叉过多等问题。在这种情况下，对于一些责任大、难协调的工作，管委会和政府工作部门往往会互相推诿，导致工作效率低下。还有一些地方政府随意调整管委会的权限、职能，权力收放没有合理、合法的依据。有的地方政府虽然对管委会的管理权限范围进行了界定，但仍存在授权不到位或无法落实的问题，一些可下放给开发区的权限，如产业规划、土地征用、资金融通、行政执法等，会受制于部门政策的制约，无法真正落实，从而影响开发区职能权限的有效发挥。

（四）开发区的管理方式不适应建设发展的需要

随着开发区的不断发展壮大和经济效益带来的人口聚集等，开发区已不再是一个单纯的经济功能区，而成了一个综合性的行政区域，涉及的行政管理范围和公共管理领域也越来越大。开发区的主要职能定位不再仅限于土地开发、招商引资、企业服务等传统的经济工作方面，还逐步拓展到劳动就业、民政福利、公共环境、社会治安等社会性工作。对此，一方面，上级政府只关注开发区经济指标的管理方式已不能适应现状；另一方面，开发区自身单纯管理经济开发工作的方式也不能满足社会管理等职能增多的实际情况。一些经济发达地区的开发区，在完成设立初期规划区域内的开发建设任务后，为了延续优惠政策，维持经济快速增长的势头，缓解开发区土地资源紧缺的矛盾，开始对开发区进行扩容，增加区划面积，使开发区管委会面对更多的管理服务对象和具体事务。

但管理方式落后等原因，造成了开发区管委会"小马拉大车"的尴尬局面。

（五）开发区管委会的机构编制管理不规范

开发区管委会的机构设置和编制配备与政府和机关单位不同。我国历次政府机构改革和事业单位改革，基本上都没有涉及开发区，其在机构编制管理上存在的问题非常复杂。由于没有法律法规和规章制度规范，一些开发区管委会在机构规格、内设机构、编制核定等方面存在合法性不足的问题，管理上也缺乏具有规范性的依据。各地开发区管委会规格不统一，机构编制核定亦有差别，有的使用行政编制，有的使用事业编制，还有的存在行政编制和事业编制混用的现象。一些大的开发区，由于需要承担行政执法、社会管理和公共服务等职责，在控制行政编制总量的情况下，加大了事业编制核定数量或者大量聘用编外人员；有的开发区编外人数超过了在编人数，存在混编、混岗和人员素质参差不齐的问题。这些都加大了内部管理的负荷，在一定程度上给开发区的管理带来了负面影响。另外，随着开发区规模的扩大和各种新型功能试验区的建立，开发区增加机构编制的需求也越来越大。

三、管理体制改革趋势分析

（一）改革趋势

我国开发区具有优良的投资环境、较高的土地集约程度、开放的经济体系、集中的现代制造业和高新技术产业、突出的产业集聚效应、持续发展的动力强劲等优势。当前，在国家各项政策措施的激励下，开发区已经跨入了"二次创业"的发展阶段，总体目标是加快发展先进制造业和现代服务业，聚集高端技术产业和战略性新兴产业，向城市次中心、现代化新城区发展，全力打造经济社会发展的新平台。面对新的形势和任务，作为保障改革顺利进行的管理体制，其改革事关重大、势在必行。

改革是发展的强大动力。必须按照完善和发展中国特色社会主义制度、推进国家治理体系和治理能力现代化的总目标，健全使市场在资源配置中起决定性作用和更好发挥政府作用的制度体系；以经济体制改革为重点，加快完善各方面体制机制，破除一切不利于科学发展的体制机制障碍，为发展提供持续动力。按照这一总体要求和行政体制改革的相关要求，再结合开发区发展改革需求，我国管理体制改革的重点将放在提升开发区治理能力上，进一步理顺开发区与市场、社会、政府之间的关系，建立符合简政放权、转变职能、提供服务要求的组织架构，形成功能完善、分工合理、权责一致、运转高效的机构职能体系。

从我国开发区的未来发展趋势看，随着改革的不断深入，开发区的功能定位将由区域经济发展先导区、示范区逐步转变为高端技术产业和战略性新兴产业集聚区，成为区域经济发展的核心区，进而逐步成为城市次中心和现代化城市新区。随着开发区功能定位的转变，管理机构的主体地位也将由政府派出机构的管委会逐步明确为与行政区政府融合或合署办公的管理机构，进而逐步明确为行政区政府或新区政府；开发区管委会融入政府后，开发区的招商引资、开发建设、运营管理等职能可由市场化的开发经营公司承担。随着管理机构主体地位的变化，开发区管委会的职责权限将由单纯的功能区经济开发建设管理逐步明晰为区域经济管理、行政管理和社会事务管理，进而再逐步明晰为城市行政区全方位管理。随着管理体制改革的深入，开发区的管理方式将由简单、粗放型向和谐、高效型转变，其机构编制管理也将逐步实现科学化、规范化、制度化。

（二）对分类改革模式的考虑

我国开发区类型多、数量大、情况复杂、发展不平衡，导致积累了很多管理体制问题，这些问题很难通过改革一次性解决，需要坚持问题导向原则，区别不同情况，分类进行改革。

第一类改革模式：开发区规模较小，管委会主要承担规划建设、招商引资等经济管理职能，功能比较单一；其改革的重点是完善管委会的功能和组织架构，理顺管委会与区域政府工作部门之间的职责关系。管委会仍作为区域政府的派出机构进行管理。

第二类改革模式：开发区面积扩大、人口增多、产业升级，管委会所承担的经济管理、行政管理和社会管理职能增加，公共服务需求增大；其改革的重点是将管委会与所在行政区政府相融合，逐步形成二合一或合署办公的组织架构；其内设机构以开发区精干高效、具有现代管理理念的机构设置为蓝本。

第三类改革模式：开发区规模较大，规格较高，属于城市经济发展核心区，管委会承担行政区政府的所有职能。鉴于产业升级、市场拓展和社会事务增多等情况，其改革的重点是通过调整行政区划，将开发区与其他功能试验区组合在一起，并入调整后的行政区政府，按照"精简、统一、效能"的原则，以开发区管委会精干、高效的内设机构和人员编制为主体，组建城市新区政府，新区内设有一个或多个产业集群功能区（一区多园）。取消原开发区和其他功能试验区的管委会，由投资（控股）方组建或委托若干个实行市场化运作的经营开发公司，承担开发区和其他功能试验区的经济开发运营职能，其他行政管理职能和社会事务全部由新区政府承担。

以上三种改革模式具有递进关系，基本涵盖了我国开发区的主要类型和管理体制改革的成功经验，具有一定的针对性和可操作性，符合改革精神，可视为今后一段时期内我国管理体制改革的一种趋势。

第四节 企业经济管理体制

在我国国民经济不断发展的环境下，企业的竞争日趋激烈。企业要实现可持续发展，就要持续增强自身实力，在日常经营管理的过程中，充分发挥企业经济管理体制的作用，全方位、多角度、多元化地认识企业经济管理及其体制的重要性，以便对企业经济管理体制进行改革创新，保证企业经济管理工作可以正常、健康地开展。

一、企业经济管理体制创新改革的意义

在市场环境下，企业经济管理体制创新改革对于企业日后的发展趋势与方向具有关键作用，基本体现为以下几个方面：

第一，企业经济管理体制创新是企业盈利的基础（要素之一）。在企业的经营发展过程中，企业的正常经营管理是实施一切经济活动的基础，只有在拥有高效的经济管理体制、经济管理力度得到提升、企业的经济管理活动被高效贯彻落实的情况下，才能够充分保证企业其他运作过程的正常开展，提升员工工作的积极性，进而运用最低的成本帮助企业获得最高的经济效益。因此，实行企业经济管理体制创新对于提升企业经济效益有着重大的作用。

第二，企业经济管理体制创新可以提升企业的市场竞争力。在市场竞争日益激烈的环境下，企业要想获得一席之地，就要有竞争力。而企业要想提升竞争力，就应该从根

源上提升企业的综合能力。只有合理的企业经济管理体制才能够精确、完整地体现企业的运营状态，发现企业在经营过程中的缺陷，进而根据不同的情况采取相应的应对措施，避免企业决策失误，从而提升企业的综合能力，增强企业在市场经济环境中的竞争力。

第三，企业经济管理体制创新有利于提升企业资金使用率。在企业经营发展过程中，资金是不可或缺的基础，企业要想获得经济效益，就需要对资金的来源与动向进行监督管理，以便高效地分配资金。高效的企业经济管理体制可以合理分配企业各项运作活动所使用的资金，规范化管理企业资金。

第四，企业经济管理体制创新有利于监控企业的经营状态。在经营过程中，企业各个部门提供的财务数据是反映部门运行状态的真实数据，只有在企业拥有高效经济管理体制的情况下，才可以准确地对企业财务数据进行管理与分析，进而得知企业的真实运营状态，以及企业决策在执行过程中存在的问题与缺陷，以便企业第一时间调整政策。

二、企业经济管理体制的创新改革实践

（一）关注企业经济管理思维创新

传统的经济管理思维是阻碍企业经济管理体制创新改革的关键因素之一。所以，企业要开展经济管理体制创新改革，就必须更新经济管理思维，摒弃传统的经济管理思维，建立不同的经济管理战略。企业要全面考察目前市场经济环境下同行业企业的生存状态与运行情况，根据自身的实际状态来形成全新的经济管理思维。另外，企业管理者要在企业经济管理思维中融入创新意识与改革思维，积极鼓励员工进行创新改革，表扬勇于创新的员工，鼓励员工结合企业状态与自身水平和认知进行创新，让企业能够始终处于创新改革的环境中。

（二）重视企业人力资源管理创新

企业在开展经济管理过程中，人力资源是不可或缺的关键内容。因此，企业要实施经济管理体制改革创新，就要重视企业人力资源管理工作的创新，具体做法如下：

第一，要更新人才管理理念。企业要正确认识人才的重要性，摒弃看资历、看文凭的传统人力资源管理理念，让企业中有能力的员工可以脱颖而出，使其充分发挥自身优势，做到人尽其用。企业要始终秉持以人为本的管理理念，提升员工对企业的归属感，

提升人力资源管理效率。

第二，要更新人力资源管理制度。员工在企业正常运营的过程中有着至关重要的基础作用，因此在企业经济管理体制创新改革实践中，企业要重视人力资源管理制度的创新，以制度规范员工在企业中的工作态度与行为；建立合理的奖惩机制、绩效制度等，以激发员工的工作积极性；定期组织员工参加专业知识培训或讲座，以提升员工的专业水平与创新能力。

（三）强化企业经济管理战略创新

在企业的经济管理体制中，经济管理战略是影响企业发展前景的重要内容。企业要强化经济管理战略创新，就要重视企业运营的经济效益，始终关注企业在市场经济环境中的机遇与挑战，利用市场经济环境形势抓住提升企业核心竞争力的机遇。企业要全面考察市场环境，针对自身的状态制定科学、合理的企业战略，并且明确自身的核心竞争力。在市场环境中，当企业的核心竞争力面临威胁时，企业要强化经济管理战略的创新，优化管理层次，以提升经济管理质效，从而实现企业未来的健康、长久发展。

（四）创新企业经济管理监督管理制度

企业经济管理监督管理制度是保证企业经济管理工作能够落到实处的重要内容。企业经济管理的创新要以监督管理制度的健全和创新为基础。在企业经济管理监督管理制度创新过程中，企业要根据市场环境的变化来制定相关的控制管理监督条例，以保证企业的管理层、员工都可以严格按照监督管理制度来开展工作，企业日常运作也可以规范化进行。企业要针对各个部门的运行状态建立相关的内部控制管理制度，以优化完善经济管理监控体系，从而保证监督管理制度能够落实到企业日常运行管理的每一处。

在市场竞争日趋激烈的现代社会中，企业应该高度重视经济管理体制的重要性，从更新企业经济管理理念、重视企业人力资源管理创新、强化企业经济管理战略创新、健全企业经济管理监督管理制度等方面做起，根据市场环境与企业自身特征，摸索适合自身情况的经济管理体制，以实现企业的可持续健康发展。

第三章 现代企业经济管理的基础理论

第一节 现代企业经济管理的基本原理和原则

一、经济管理对现代企业的重要性

现代企业资金运作的显著特点是流量大、运转频率高。因此，现代企业要实现经济和社会效益最大化的目标，就必须高效组织现代企业的经济和资金活动，重视现代企业经济管理，使组织内部从上到下都认识到现代企业经济管理对其生存和发展的重要性。

（一）有利于提高现代企业对市场需求的灵敏度，实现现代企业决策的科学化

对现代企业来说，充分了解国际和国内市场的情况对企业中高层管理者做出正确且科学的决策至关重要。通过对现代企业经济管理的具体分析，企业管理者不仅能够了解企业自身的运作情况，还能把握企业对市场的敏感度，从而做出相应的市场决策。现代企业的经济管理分析可以反映企业的盈利状况，对盈利状况进行分析，可以使企业在盈利较好的时间段制定出较好的销售策略，从而提高自己的市场份额；现代企业也可以在盈利较差的时间段做详细调查，分析原因，及时采取应对策略，以适应市场需求。经济管理分析能够反映企业的负债情况，企业管理者可以针对企业负债情况采取不同的应对策略，这对现代企业持续健康发展有着重要意义。

（二）有利于提高现代企业资本运作的能力，促进现代企业的长远发展

现代企业资金量大、流动频繁，一旦资本运作不畅，企业再生产就会出现困难，最终使企业陷入经济困境。资本运作通过一系列的经济活动来实现，包括资金筹集、资金运用、收益分配等。资金筹集的快速化、资金运用的合理化和收益分配的公平化，都离不开现代企业经济管理。因此，加强经济管理对于提高现代企业的资本运作能力、促进现代企业长远发展至关重要。

（三）有利于提高现代企业预防和抵御经营风险的能力，实现现代企业经济管理的目标

现代企业经营风险是指生产经营方面给实现现代企业经营管理目标——盈利带来的不确定性。在日趋激烈的市场竞争中，现代企业要想生存、发展，就必须提高自己抗风险的能力。现代企业的生产经营通常都会受到来自企业外部和内部的影响，具有很大的不确定性，如低价中标、原材料的上涨、人工工资的上涨、政策决策失误等，但这一切都可以通过经济管理活动来得到改善和解决。现代企业通过合理组织经济活动可以提高企业预测和抵御风险的能力，避免经营上的失误给企业造成的损失。

二、现代企业经济管理原理

现代企业经济管理原理是对经济管理工作的实质内容进行科学分析，进而总结形成的基本真理，它是对各项管理制度和方法的高度综合与概括，因而对一切管理活动具有普遍的指导意义。

（一）现代企业经济管理原理的主要特征

1.客观性

经济管理原理是对管理的实质及客观规律的表述。因此，它与在管理工作中所确定的原则有严格区别，原则是从对客观事物基本原理的认识中引申而来的，是人们规定的行动准则。原则的确定虽然以客观真理为依据，但是仍有一定的人为因素，为了加强其约束作用，一般带有指令性和法定性，它是要求人们共同遵循的行为规范，人们违反规定的原则就要受到群体组织的制裁。而原理则是对管理工作客观的描述，原则之"原"

即"源"，是原本、根本的意思，原理之"理"即道理、基准、规律。人们违背原理必然会遭到客观规律的惩罚，要承受严重的后果，但在群体组织上不一定有某种强制反应。在日常的管理工作中，企业管理者既要认识原理与原则的区别，又要注意两者之间的联系。在确定每项管理原则时，要以客观真理为依据，尽量使之符合相应的原理，同时又要以指令或法令的形式来强化原则的约束作用，加强经济管理原理的指导作用，从而获得满意的管理效果。

2.概括性

经济管理原理所反映的事物很广泛，涉及自然界与社会的诸多领域，包括人与物的关系、物与物的关系，以及人与人的关系。但它不是现象的罗列，不反映管理的多样性。例如，国民经济包括许多门类，每个门类又分成许多部门，每个部门又分成许多行业，每个行业又包括许多企业，每个企业又各有特点。即使是同一类型企业，它们的产品品种、企业规模、技术装备水平、人员构成、建厂历史、厂址地理位置与自然环境、社会环境等，相互之间也不可能完全一样，因此每个企业也具有不完全相同的经济管理方式和方法，即企业经济管理活动呈现多样性。但是，经济管理原理对这些不同的企业都是适用的，具有普遍的指导意义。因此，经济管理原理描绘了包含各种复杂因素和复杂关系的管理活动的客观规律，或者说，其是在总结了大量管理活动经验的基础上，舍弃了各组织之间的差别，经过高度综合和概括而得出的具有普遍性和规律性的结论。

3.稳定性

经济管理原理不是一成不变的，它会随着社会经济和科学技术的发展而发展。但是，它也不是变化多端和摇摆不定的，而是相对稳定的。经济管理原理和一切科学原理一样，都是确定的、固定的，具有"公理的性质"。即使事物的运动、变化和发展的速度再快，它都是相对稳定的。因此，经济管理原理能够被人们正确认识和利用，从而指导管理实践活动取得成效。

4.系统性

经济管理原理中的系统原理、效益原理、人本原理、责任原理和伦理原理组成了一个有机体系，它不是各种烦琐的概念和原则的简单堆砌，也不是各种互不相关的论据和论点的机械组合，而是根据经济管理现象本身的有机联系形成的一个相互联系、相互转化的统一体。管理的实质就是在企业内部，以人为本，通过确定责任，以达到一定的效益。

（二）现代企业经济管理原理的类型

1.人本原理

世界上一切科学技术的进步、物质财富的创造、社会生产力的发展、社会经济系统的运行都离不开人的服务、人的劳动与人的管理。现代企业经济管理的人本原理就是以人为中心的管理思想。

人本原理包括的主要观点如下：

第一，员工是企业的主体。

第二，员工参与是有效管理的关键。

第三，使人性得到最完美的发展是现代管理的核心。

第四，服务于人是管理的根本目的。

因此，尊重人、依靠人、发展人、为了人是人本原理的基本内容和特点。

2.规律性原理

运用辩证唯物主义的规律性认识管理工作并对其进行研究，以达到按照生产力、生产关系和上层建筑发展运动的客观规律来管理企业的目的，这就是现代企业经济管理的规律性原理。根据生产力发展规律，现代企业经济管理要达到以下要求：

第一，社会化大生产必须按专业化、协作化、联合化加以组织，生产的组织要依据不同的生产特点和类型采取不同的组织形式和控制方法。

第二，现代企业的发展和技术改造要符合生产力合理布局的要求。

3.系统性原理

所谓系统，就是按照统一的功能目的组成的有机整体。现代管理不同于过去的小生产管理，它总是处在各个层次的系统中，每个单位、每个管理法则、每个人都不可能是孤立存在的。它既属于本系统内，又与周围各系统发生各种形式的"输入"与"输出"联系，同时还从属于一个更大的系统范畴内。因此，为达到最佳的管理效果，企业管理者必须进行充分的系统性分析，这就是现代企业经济管理的系统性原理。

4.控制性原理

现代企业经济管理的控制活动是不断接受和交换内外信息，依据一定的标准监督检查计划的执行情况，发现偏差及时采取有效措施来调整生产经营活动，以达到预期的目标。控制职能是社会化大生产的客观要求，如果没有控制职能，现代企业的管理职能体系就不完整，企业管理者也就不能进行有效管理。一个系统的控制功能要发挥作用就必须具备两个基本前提：计划和控制职能的实施。组织机构是以计划为依据的，计划越是明确的、全面的和具体的，控制的效果就越好，同时，计划中要有明确的检验标准，这是有效控制的条件之一。发挥控制职能还要建立相应的组织机构，以实现对计划执行情况的考察和衡量，并纠正偏差，从而保证计划的顺利完成。企业管理者在控制活动中必须做好信息反馈，这也是实现有效控制的重要条件。因此，控制系统组织机构应明确规定有关信息的收集、整理、传送的分工和职责。

5.弹性原理

经济管理的弹性原理是管理在客观环境作用下，为达到管理目标所具有的应变能力，其主要内容有以下几点：

第一，随机性和偶然性是客观存在的，不能静止地、机械地看问题。

第二，随机性和管理领域的特点要求管理系统包括现代企业经济管理必须具有一定的弹性。

第三，管理弹性使管理系统具有更大的灵活性，可以帮助企业管理者从大量数据中发现规律，有助于企业管理者及时发现潜在问题。

应用弹性原理时还需要注意"消极弹性"。"消极弹性"的根本特点是把留有余地当作"留一手"。例如，制订计划松些、制定指标低些等。这种"消极弹性"虽然在特定的条件下可以有限运用，但是现代管理要着眼于"积极弹性"，不是"留一手"，而是"多几手"。

6.激励原理

任何形式的运动都需要动力。管理作为一种运转形式，要想持续且有效地运行下去，就必须依靠强大的动力推动。人是企业系统的基本组成要素，人的积极性具有极大的内在潜力，现代企业必须采用科学的方法激发人的内在潜力，使每个人都尽其所能、自觉努力地工作，这就是现代企业经济管理的激励原理。激励原理表明，人们的努力程度取决于奖励的价值及个人认为需要努力的程度和获奖概率。

7.效益原理

企业作为商品的生产者和经营者，必须以尽量少的消耗和资金占用，生产出尽可能多的符合社会需要的产品，并不断地提高经济效益，这就是现代企业经济管理的效益原理。追求经济效果、提高经济效益是现代企业的根本目标之一，是现代企业各方面工作的综合表现。提高经济效益实质上就是提高劳动生产率，这是社会经济效益得以增长的前提。

（三）研究现代企业经济管理原理的意义

经济管理原理是对现实管理现象的一种抽象，是大量管理实践经验的升华，它指导一切管理行为，对现代企业管理者做好管理工作有着普遍的指导意义。

1.掌握经济管理原理有助于提高管理工作的科学性

经济管理原理是不可违背的管理的基本规律。实践反复证明，凡是遵循这些原理的管理，都是成功的管理；反之，就有可能失败。我国有很多企业存在管理混乱、员工工作不积极、企业经济效益较差，甚至出现大量亏损的情况，导致此种情况出现的原因虽然复杂，但大都与违背经济管理原理分不开。认识经济管理原理之后，现代企业的管理实践就有了指南，建立管理组织、进行管理决策、制定规章制度等也就有了科学依据。

2.研究经济管理原理有助于人们掌握管理的基本规律

管理工作虽然错综复杂、千变万化，但万变不离其宗，它们具有共同的基本规律，现代企业管理者掌握了这些基本规律，就算面对的局面纷繁复杂，也可以管理得井井有条，这也是许多成熟的现代企业管理者在各种不同的管理岗位上都能取得成功的原因。在现实生活中，许多现代企业管理者通过自己的管理实践，并经历漫长的积累过程，才逐渐领悟到管理的基本规律。学习经济管理原理能加快人们掌握管理基本规律的过程，使人们能够更快地形成自己的管理哲学，以应对变化的世界。

3.掌握经济管理原理有助于人们迅速找到解决管理问题的途径和手段

依据组织的实际情况，建立科学合理的管理制度、方式与方法，使管理行为制度化、规范化，使管理的许多常规性工作有章可循、有规可依。这样，现代企业管理者就能从事务堆中解放出来，集中精力管理例外事项，即使更换了管理者，系统仍可照常顺利运作。

三、现代企业经济管理的系统原则

（一）系统原则的内容和地位

系统是指由若干相互联系、相互作用的部分组成，在一定环境中具有特定功能的有机整体。系统的一般特征包括集合性、相互联系性、特定功能动态性。对于人造系统而言，其还具有另一个特征，即目的性。

利用系统原则进行现代企业经济管理，是指管理主体运用系统理论和系统方法，对管理要素、管理组织和管理过程进行系统分析，旨在优化管理的整体功能，取得较好的管理效果。

系统原则从系统论角度认识和处理管理问题。系统原则作为现代企业经济管理原则之一，内容包括现代企业经济管理的系统观点、系统分析方法及系统模式。现代企业管理者应当遵循系统原则，正确认识现代企业的经营目的，合理确定现代企业的经营目标，调整现代企业行为，增强现代企业功能，能动地适应现代企业环境，并运用系统分析的方法评价现代企业和解决管理决策问题。

系统原则为管理学的发展做出了巨大的贡献，并产生了深刻的影响。首先，它推动了管理观念的更新。人们从系统的整体性及相互制约性中得到启发，加强了在管理工作中统筹兼顾、综合优化的意识，使人们在决策时能考虑到有关的各个方面，克服传统思维容易造成的片面性。其次，它提供了解决复杂问题的分析工具。系统论揭示的宇宙中各类系统具有相似性这一真理，使人们开阔了视野，变得更加聪明和灵活。管理人员在自然科学及工程技术领域找到了许多有力的工具，如控制论、运筹学、数理统计、可靠性理论、模糊数学等，它们构成了管理系统工程的主体内容。最后，它促成了新管理模式的出现。对管理的历史进行考察后发现，现代管理中广为采用的全面质量管理、目标管理等新模式的出现，与系统论的应用有直接关系。总之，现代管理一般都是复杂的系统性管理。

系统原则不仅为认识管理的本质和方法提供了新的视角，而且它提供的观点和方法影响了人本管理原则、权变管理原则、科学管理原则。从某种程度上说，系统原则在现代企业经济管理原则体系中起着统率的作用。

（二）现代企业经济管理中系统原则的具体内容

在现代企业管理中，系统原则有着丰富的内容，表现在管理的各个方面。但就其主要内容来说，可以概括为以下几个方面：

1.管理的整体性

按一般系统理论的观点，管理的整体性主要表现为以下几点：

第一，任何经济管理系统都是由各个管理要素组成的有机整体。

第二，管理系统的各个组成要素和组成部分相互联系，彼此依赖。要素和局部的变化会产生连锁反应，从而影响整体的变化；整体的变化也会影响要素和局部的变化。

第三，用系统观念来考察管理活动和管理成果，要看其整体功能的发挥情况和整体效果，而不能只看局部功能和局部效果。

2.管理的动态性

世间一切事物都是不断发展变化的，因此现代企业管理者在管理现代企业时必须用发展变化的眼光来分析和解决问题。管理的动态性主要表现为以下几点：

第一，在任何管理活动中，管理系统的内部因素和外部环境都是在不断变化发展的。因此，现代企业管理者必须有较强的预见性，运用科学的预测方法，正确地把握各种内外条件发展变化的趋势，从而采取相应的管理对策。

第二，事物的发展过程是从不平衡到平衡的过程。平衡是事物发展的重要条件，但平衡不仅表现为静态平衡，更多地表现为动态平衡。平衡问题是管理过程中经常遇到的问题。因此，掌握正确的平衡原则，对于现代企业管理者适当地处理管理过程中遇到的各种平衡问题是非常重要的。

3.管理的层次性

一般系统论认为，各种有机体都是按照严格的等级组织起来的。管理系统作为一个有机整体，也是分层次、分等级的，而且其层次和等级的划分，不是随意的，而是有其内在规定性的。管理的层次性主要表现为以下几点：

第一，管理层次的划分要与管理的需要相适应。一般来说，管理系统自上而下可以划分为领导层、职能层、执行层、作业层等。

第二，不同的层次要被授予不同的权力并承担相应的责任。其目的在于发挥各个层次和等级的不同能力与作用。

第三，要把具有不同能力的人相应地安排在不同的层次上，使其各尽所能，各显其才。

（三）系统原则在管理中的应用

在现代企业经济管理中，企业应坚持系统原则，树立系统观念。现代企业管理者不仅要用系统理论的观点来观察、分析管理问题，还要运用系统方法来解决管理过程中遇到的各种问题。只有做到了这一点，才是真正坚持了系统原则，树立了系统观念。

1.系统原则在现代企业经济管理中应用的特点

系统方法是指以系统理论为指导，以某些特定的定性、定量的分析手段为工具，从事物本身出发，将研究对象放在系统形式中加以考察，以求得解决问题的最佳方法。系统原则在现代企业经济管理中的应用与其他传统方法相比有以下特点：

第一，考察和解决问题的整体性。

第二，考察和解决问题的综合性。

第三，考察和解决问题的严密性。

换句话说，既要从定性方面，也要从定量方面将现代企业的生产经营活动作为一个整体，进行综合的考察分析。

2.在现代企业经济管理中运用系统原则的基本程序

系统原则在现代企业经济管理中有许多具体的运用方法，其中最主要的就是系统工程。长期以来，人们运用系统分析方法解决实际问题，并研究出了一整套的程序步骤，其中比较有代表性的就是由美国系统工程专家霍尔于 20 世纪 60 年代提出的三维结构图，包括逻辑维、时间维和知识维。

逻辑维是指运用系统原则时应遵循的步骤。霍尔提出了七个步骤：

第一，明确问题。通过收集到的各方面的资料，明确要解决的问题。

第二，目标选择。确定为解决问题所应达到的目标。

第三，系统综合。综合分析各种情况，制定达到目标的几种可能方案。

第四，系统分析。通过建立模型，对各种方案进行计算，模拟取得必要的数据和资料。

第五，系统选择。通过对比分析，选择若干个较好的方案。

第六，决策。最后确定一个最好的方案。

第七，实施计划。制订具体的实施计划。

时间维是指运用系统原则划分的工作阶段或工作流程图。霍尔提出了七个阶段：

第一，规划阶段。包括程序设计等。

第二，拟定方案。进行具体的系统设计。

第三，系统研制。试制方案，进行系统开发。

第四，生产阶段。进行系统各部分的生产。

第五，安装阶段。将系统各部分进行组装，并提出系统运行计划。

第六，运行阶段。使系统按原定用途服务。

第七，更新阶段。通过运行，改进系统存在的问题。

知识维是指运用系统原则所应具备的知识，其中包括综合运用社会科学、管理科学、自然科学和工程技术等各方面的知识。

四、现代企业经济管理的人本原则

人本管理，就是以人为本的管理。管理的本质是激励、引导人们去实现预定的目标，故而应当把人视作管理的主要对象及现代企业最重要的资源。确立以人为本的指导思想及依靠群众办企业的指导方针，制定全面开发人力资源的战略；根据人的思想行为规律，抓好现代企业的思想文化建设，努力提高领导水平；运用各种激励手段，调动和充分发挥人的积极性和创造性，以不断增强企业活力。

现代企业经济管理的人本原则的确立和运用，既是人类漫长历史中的管理实践的发展趋势，又是现实管理活动中提高管理效率的客观要求；既可转化为有效协调管理客体的手段，又是管理主体所追求的目标。多个因素的共同作用，确定了在现代企业经济管理中运用人本原则的必然性。

（一）注重个体能力开发

人是有生命、有思维、有情感、有创造性的复合体，具有主观能动性。人的主观能动性的发挥程度，与个体的智力、动力等因素有直接关系。

人的能力主要由体力和智力两部分组成，也就是通常所说的"硬资源"和"软资源"。随着社会生产力水平的提高和科学技术的发展，仅仅依靠加大劳动强度和延长工作时间来充分利用体力这个"硬资源"，显然存在着外延的局限性；而智力这个"软资源"的开发却具有内涵的无限性。随着科学技术的发展，智力因素的影响不断上升，而体力因素的影响却相对下降。因此，现代企业管理者必须注意运用智力原则，强化劳动力的智力开发。

动力是驱使人们发挥潜能、不断前进的内在力量。动力可以分为两类，即物质动力和精神动力。物质动力是基础，精神动力是支柱，这两种动力相互补充、相互促进，缺一不可。在社会主义市场经济条件下，现代企业管理者在强调物质动力的同时不应该低估、削弱精神动力的作用，否则很难形成综合持久的驱动力。

（二）注重集体协作

集体协作是社会化大生产的客观要求。现代企业经济管理系统应该充分发挥个体的作用，但是如果不注意个体在时间上、空间上的相互联系和相互作用，就不能发挥整体的效能。集体协作需要注意以下三点：

1.合理分工分级

正确确定每个个体在集体中的作用和地位是提高管理效能的重要前提。在整体规划下，建立优化的横向和纵向的结构网络，明确个人分工，在分工基础上进行有效的综合，这就是分工分级原则。社会分工的发展是生产力发展的标志和象征，分工分级的必然结果是任务专业化和职权分散化。由于任务专业化和职权分散化并非越细越好、层次越多越好，所以分工分级原则应该适度。

2.能级对应

能级对应是指现代企业管理者应该按照管理层次和岗位的能级要求配备具有相应能力的人员，并授予其相应的权力。能级对应包括以下几点：

第一，现代企业管理者要因事设人，知人善任，使个人在组织中的位置与个人能力相匹配。"大马拉小车"不仅会造成浪费，而且也未必能把事情办好。

第二，现代企业管理者应该为下级个体授职授权，使"职、权、责"相一致，否则会影响个体工作的顺利开展。

3.统一指挥

统一指挥是指严格按照命令由上而下逐级下达，形成集体内上下级的"指挥链"。现代企业经济管理系统应遵守以下四点要求：

第一，从顶层到基层的等级链不得中断。

第二，不允许多头领导。

第三，不允许越级向下指挥。

第四，职能机构是参谋部门，未授权不得行使指挥职能。

统一指挥不排斥必要的灵活性和横向联系，如采用临时处置，但是必须事后汇报，以避免紧急事件的贻误。

第二节 现代企业经济管理制度

一、现代企业经济管理制度的基本内容

现代企业经济管理制度要求现代企业按照现代生产力发展的客观规律，以及市场经济发展的需要，积极应用现代科学技术成果和现代经营管理的思想理论，有效地管理现代企业，创造最佳经济效益。现代企业要围绕其战略目标，按照系统观念和整体优化的要求，在管理人才、管理思想、管理组织、管理方法和管理手段等方面实现现代化，并把这几个方面的现代化内容同各项管理功能（决策、组织、指挥、协调和激励等）有机地结合起来，以形成完整的现代企业经济管理制度。现代企业经济管理制度包括以下五个方面的内容：

第一，具有正确的经营思想和能适应现代企业内外坏境变化、推动现代企业发展的经营战略。正确的经营思想是优化战略的先导，现代企业应重视质量第一观念、市场观念、竞争观念、以人为本的管理观念和法治观念；现代企业所处的经营环境多变，制定经营战略和强化经营战略管理是现代企业在市场竞争中立于不败之地的重要保证。

第二，拥有熟练掌握现代管理知识与技能的管理人才和具有良好素质的员工队伍。

第三，有一套不仅符合企业特点，还能保证生产经营活动高效率运行的组织及管理制度。

第四，在生产经营的各个主要环节中，普遍地、有效地使用现代化管理方法和手段，建立比较完善的计算机管理信息系统，推行计算机集成制造系统等现代化管理方式。

第五，建设以企业精神、企业形象、企业规范等内容为中心的企业文化，培养良好的企业精神和企业集体意识。

二、现代企业经济管理制度中存在的问题及改革建议

（一）现代企业经济管理制度中存在的问题

1.现代企业经济管理方式相对落后

虽然现代企业随着市场经济体制的建立逐渐摆脱了传统的计划经济的影响，但是目前还存在经济管理方式相对落后的问题。很多企业由于缺乏科学规范的经济管理，只能通过扩大投资规模来保持较高的经济效益，这在一定程度上造成了企业的大量资金和资源的浪费。同时，还有很多企业在经济管理过程中对员工的管理缺乏指导性和准确性，对员工职责的明确程度不够，这些都严重阻碍了企业的健康发展。

2.现代企业经济管理组织模式过于单一

很多现代企业的经济管理方式相对落后，导致现代企业经济管理组织模式过于单一，使得现代企业管理者对企业的整体性认识不足。虽然现代企业内部各部门分工明确，但是缺乏横向联系，相互之间缺乏工作的协调性，从而使企业员工的工作效率不能得到提升，对员工的管理工作也有阻碍作用。

3.现代企业人力资源管理水平不高

在现代企业经济管理中，人作为最主要的操作者，不仅对企业的未来发展有着重要影响，还对企业内部的管理工作有着关键性作用。因此，现代企业人力资源管理工作尤为重要。现阶段，很多企业的管理人员没有接受过专业培训，对企业的员工管理工作缺乏一定的专业性，而且企业内部人力资源浪费严重，优秀员工和人才的工作价值得不到充分体现。很多企业未建立科学的人员调动机制，造成企业内部员工之间责任不明，工作效率不高。

（二）现代企业经济管理制度改革建议

1.创新现代企业经济管理观念

现代企业各项活动都离不开管理观念的指导。首先，现代企业高层管理者要具备一定的创新意识，要明确现代企业经济管理的职能及自身所承担的责任和拥有的权利，要做好经济管理部门和企业各个部门之间的协调和沟通工作，不断为企业营造良好、和谐的工作环境。其次，现代企业要注重培养员工的战略意识和全局意识，定期对员工进行思想上与观念上的引导，充分调动员工工作的积极性，使员工更好地完成自己的任务。

最后，现代企业要多借鉴其他公司优秀的发展经验和员工管理经验，有利于提高企业的整体水平，使企业朝着更好的方向发展。

2.创新经济管理制度

现代企业经济管理制度的创新和完善应结合企业的发展形势及其他方面的因素，并要求相关人员严格遵循各项规章制度，确保现代企业经济管理制度能够满足企业在市场条件下的发展性需求。具体方式包括以下几种：

第一，精简组织模式，提升组织机构的效能。现阶段，部分企业的组织模式不合理，其职能也不够清晰明确，降低了企业的运行效能。针对这一问题，现代企业应该结合自身的发展情况及实际需求，对企业内部的组织模式进行优化，明确各个组织机构的职能，确保各个部门各司其职、协调发展。

第二，对监督管理制度进行进一步的创新和完善，确保企业全体员工具有必要的监督意识。建立相应的监督管理制度，对现代企业的各项经营工作进行综合性的了解和把握，以确保现代企业在经济管理活动中存在的问题能够得到及时、有效的解决。现代企业针对市场环境的变化能够对经营管理策略进行及时的调整和补充，从而推动各项经营活动有序进行，提升现代企业的核心竞争力。除此之外，现代企业还需要利用各项经济管理制度提升经济管理人员的综合素养，并科学合理地改善和解决现代企业经济管理中存在的问题，确保相关管理工作人员能够全身心地投入现代企业经济管理工作中，从而提升现代企业的经济管理效能。

3.创新现代企业人才管理制度

现代企业实现可持续发展的关键是人才，因此现代企业在发展中要重视对人才的招纳与培养。现代企业只有培养出先进的人才，不断完善其管理制度，才能让员工认同企业的发展，并且贡献自己的力量。现代企业应该帮助员工认识到自身的工作价值，进一步激发员工对工作的激情，从而使他们更好地投入工作。现代企业在对人才管理机制的设定中，要有一定的奖励机制，根据自身的支付能力等方面综合做出分析，给出一定的奖励。另外，现代企业还要重视其文化建设，以此来提高员工对于企业的认同感。现代企业应尽最大努力为员工创造一个有利于工作的环境，以提高其工作效率，从而进一步实现现代企业的可持续发展。

第三节 现代企业经济管理组织结构

一、现代企业经济管理组织结构的内容与原则

在现代企业组织制度中，现代企业的组织结构和现代企业的经济管理组织结构是不同的。前者不仅是一个经济管理概念，而且是法律范畴的概念；后者只是一个经济管理概念。换言之，前者是权力加行政组织，后者是行政组织，即管理组织。人们主要以图例的形式学习现代企业经济管理组织结构。

（一）现代企业经济管理组织的内容

现代企业经济管理组织的内容包括：其一，建立组织；其二，规定职责；其三，赋予职权；其四，规定协作；其五，配备人员；其六，培训激励。

（二）制定现代企业经济管理组织的原则

1.目标明确化原则

现代企业经济管理组织结构设置的出发点和终点只能是企业的任务和目标，这就要求现代企业必须从实际出发，按目标设结构，按任务设岗位，按岗位配干部。衡量现代企业组织结构设置是否合理的最终标准只能是组织结构是否能促进企业任务目标的实现，而不能取其他标准。

2.专业分工和协作原则

现代企业经济管理工作，由于专业性强、工作量大，应分别设置不同的专业管理部门，以提高工作质量和效率。同时，由于各项专业管理之间有密切联系，所以必须采取正确措施，创造协作环境，加强横向协调。

3.统一指挥和分级管理原则

组织结构设置应该保证指挥的统一，这是现代化大生产的客观要求。为此必须做到：第一，实行首脑负责制。每一个管理层次都必须有一个总负责人，避免多头指挥或无人

负责。第二，正职领导授权制。正副职之间不是共同负责关系，而是上下级的领导关系，由正职确定副职的岗位职责并授予必要职权。第三，逐级管理，即"管理链"制。各个管理层次都应当实行逐级指挥和逐级负责，一般情况下，不应越级指挥。

此外，按照集权和分权相结合的原则，使各级管理层在规定的职责范围内，根据实际情况迅速且正确地做出决策。这不仅有利于高层领导者摆脱日常事务，集中精力处理重大经营问题，而且有利于调动下级人员的主动性和积极性。

4.责、权、利对应原则

为了建立正常的管理工作秩序，现代企业管理者应该明确一定职位、职务要承担的责任，同时还应该规定其具有的指挥和执行的权力范围。责任和权力要对应，防止有责无权或权力太小、有权无责或权力过大所形成的两种偏差。第一种偏差将影响管理人员的积极性、主动性，使责任制形同虚设；第二种偏差将助长滥用权力和瞎指挥的风气。

责任制的贯彻还必须与相应的经济利益相结合，以调动管理人员尽责用权的积极性，否则，责任制会缺乏必要的动力，将无法持久贯彻。

5.有效管理幅度和合理管理层次原则

管理幅度又称管理强度、管理跨度，是指一名上司直接管理的下属人数。一名上司能够有效地领导下属的人数，就称为有效管理幅度。有效管理幅度受管理层次、管理内容、管理人员工作能力、组织机构健全程度和信息传递反馈速度等因素的影响。一般来说，高层领导者主要负责战略性决策，以3～5人为宜；中层领导者主要负责日常业务决策，以5～10人为宜；基层领导者主要负责日常管理工作，以10～15人为宜。

管理层次是指管理组织系统分级管理的各个层次。一般来说，管理层次与管理幅度成反比关系。管理层次越多，管理的中间环节越多，信息传递速度越慢，信息失真越大，办事效率越低；管理层次过少，也会导致指挥不力、管理真空。因此，现代企业在设计组织结构时，必须妥善处理好有效管理幅度和合理管理层次之间的关系，以提高管理效率。

6.稳定性与适应性相结合的原则

现代企业管理组织必须具有一定的稳定性，这样能使组织中的每个人工作状态都相对稳定，相互间的关系也相对稳定，这也是企业正常开展生产经营活动的必要条件。同时，现代企业管理组织又必须具有一定的适应性，因为企业的外部环境和企业的内部条件是不断变化的，如果管理组织、管理职责不能适应这种变化，企业就会缺乏生命力、缺乏经营活力。贯彻这一原则时，现代企业应该在保持管理组织稳定性的基础上进一步加强和提高其适应性。

二、现代企业经济管理组织结构图的制作要求

现代企业经济管理组织结构图一般采用文字排列方式，它的特点如下：

第一，经济管理组织结构图可以直排，也可以横排。采用宝塔形图式的企业，经济管理组织结构图要按所管辖机构名称，一个层次一个层次地排列；采用拼音文字的企业，如英文、西班牙文、法文、俄文等，经济管理组织结构图只能横排，竖排也不是不可以，但其文字必须换一个方位，即"直表横字"。

第二，每一岗位加一方框，这样看起来比较整齐美观。

第三，每一岗位或职位用线条，按照上下级及横向联系的关系，用不同符号连接起来。一般情况下，一条单线表示领导与被领导的关系，两条线可表示监督与被监督的关系，一条虚线可表示相互间平行的、协调的关系。

第四，现代企业经济管理组织结构图可以用单色，也可以用彩色打色底；可以画背景，也可以不画背景，应当根据场地、环境和企业管理者的需要而定。例如，挂在办公室、会议室等长期使用的经济管理组织结构图一般不用彩色图表，以示庄严；在一些临时性会议室、展览室或一些公开性的场合，可以用彩色图表，以便和其他展品相协调，增加美观。

三、现代企业经济管理组织结构图举例

（一）直线制管理体制

直线制管理体制组织最简单，能统一指挥，权责划分明确，但要求每个层次的行政领导者都通晓多种业务知识并亲自处理各种问题，故此种形式只能适用于规模较小的企业。它在工业发展初期被普遍采用，不适用于现代化工业企业。

（二）职能制管理体制

职能制管理体制的组织形式同直线制管理体制恰好相反，它的各级行政领导者都配有通晓各门业务的专业人员和职能机构作为助手，可以直接向下发号施令，这种体制在弗雷德里克·温斯洛·泰勒提出科学管理制度时曾盛行一时。在此种管理体制下，每个下层机构和下层员工都有多个顶头上司，会出现多头领导的混乱现象，使权责无法统一，故后来逐渐被直线－职能制所取代。

（三）直线－职能制管理体制

此种管理体制形式是前面两种管理体制的结合应用，即专门性业务由职能机构协助各级行政领导处理，但上级职能部门和职能人员不能对下级行政领导或职能人员直接下达命令（对下级职能人员可作业务上的指导），只能由上级行政领导者下达。这样，既保持了各级领导者的集中统一指挥，又发挥了专业人员的咨询参谋作用，具有集中领导与分散管理相结合的优点。

随着现代企业的发展，此种体制进一步延伸，又形成了直线－职能和委员会相结合的形式。

（四）事业部管理体制

上述三种现代企业经济管理体制基本上能在一个独立经营的工厂施行，但由于企业生产规模不断扩大，作为一个企业化的公司，其所生产的产品不止一种或一类，而是多种多样（性质相近）的；其所属工厂不止一个，工厂所在地区也不止一个，工厂可以遍布国内，甚至世界各地。所以，为了在世界市场竞争中获得生存和发展，就必须有与之相适应的现代企业经济管理体制。这类企业通常采用事业部管理体制，即"联合分权式"的管理结构，它一般在总公司下面按产品或地区划分为不同的事业部或分公司。这些事业部或分公司是独立核算、自负盈亏的利润中心。其最大的特点是总公司只保留预算、重要人事任免和方针战略等重大问题决策的权力，其他权力尽量下放（下放多少则因公司的具体情况而异）。这样做能保持公司管理的灵活性和适应性，发挥分公司或事业部的管理职能作用。

（五）矩阵结构管理体制

这是一种将按职能划分部门同按产品、服务或工程项目划分部门结合起来的组织形式。在这种组织形式中，每个成员既要接受垂直部门的领导，又要在执行某项任务时接受项目负责人的指挥。其主要优点是灵活性和适应性较强，有利于加强各职能部门之间的协作和配合，有利于开发新技术、新产品和激发组织成员的创造性。其主要缺点是组织结构稳定性较差，双重职权关系容易引起冲突，还可能导致项目经理过多和机构臃肿。这种组织结构主要适用于科研、设计和规划项目等创新性较强的企业。

（六）多维立体组织结构

多维立体组织结构是事业部和矩阵结构的综合发展，这种结构形式由三类管理组织机构结合而成。如按产品（项目）划分出学业部，形成产品利润中心；按职能划分出专业参谋机构，形成专业成本中心；按地区划分出管理机构，形成地区利润中心。在这种组织结构形式下，一般由三类管理组织机构的代表组成产品事业委员会，通过协调才能采取行动。

多维立体组织结构能够促使每个部门都从整个组织的全局来考虑问题，从而减少各部门之间的矛盾。即使各部门之间发生了摩擦，也比较容易统一和协调。这种组织结构适用于跨国公司或规模较大的跨地区公司。

第四章 现代企业经济管理信息化的基础理论

第一节 现代企业信息化基础

一、现代企业信息化的特征

如今，企业信息化是现代企业管理领域和信息化系统应用领域中的"热词"，人们将信息技术与现代企业的管理思想进行结合，将企业的工作流程进行信息化附加和改造，从而实现对信息的"信息化管理"。这种崭新的企业工作模式和概念获得了人们的关注。那么，现代企业信息化到底有什么样的特质呢？

（一）现代企业信息不断数字化

企业从成立之初，就会有诸如"企业的注册登记信息""企业设备信息"等大量数据，到生产运营过程中，这些信息和数据会越积累越多，企业的管理团队、企业的员工信息、企业的工资福利、企业的交易记录、企业的纳税记录、企业的产品生产……不难发现，企业的运作过程，其实也是各种数据信息同步产生的一个过程。这些数据不仅在企业经营中被产生出来，也会再影响企业的正常运营。因此，如何管理企业的信息是现代企业管理中的重要一课。传统的数据信息以文件、账本、单据等记录载体为主，统计不便，核实不便。通过信息化建设，企业的各类信息只需要被录入计算机就可获得有序的记录、安全的管理和科学的再生产利用，这就是企业信息数字化的最大魅力所在。

科学有效的管理是现代企业赖以生存、发展的重要基础。企业管理就是对企业的人、财、物等方面进行有效管理，使企业的各种资源达到合理有效配置。企业管理的核心是决策，而决策的过程实际上是对信息掌握的过程。因此，企业管理的本质就是对信息的掌握、控制和有效利用。企业管理信息化是建立在企业广泛利用现代信息技术、充分开发信息资源的基础上的。把先进技术、管理理念和方法引入管理流程，实现管理自动化，提高企业管理效率和水平。

根据信息技术自身的运行原则，数据文件在计算机内部都是以二进制形式转换和存放的。所以，数据信息录入计算机时，需要数字化。随着计算机功能越来越智能化和强大化，企业的计算机操作人员并不需要亲手完成将信息数字化转换的枯燥工作，一些优良的软件利用其强大的功能和友好的操作界面，使人们能够更加简单便捷地完成这部分工作。

（二）现代企业生产越发柔性化

在传统的企业生产模式中，往往是以生产为主要环节，生产与市场有所脱节，从而引发过量生产、单一生产等问题。一旦销售情况不如意，就会导致库存积压严重、产品不受市场欢迎等窘境。

进入信息化时代以来，一种柔性化生产模式的理念被提出。企业管理者通过信息化技术可以时刻了解和跟踪市场的饱和度，获知消费者的购买意向，从而可以根据消费者的喜好来决定生产设计内容，根据市场情况决定生产数量。不需要大库存，一切变得简单而容易了。企业只需点击几下鼠标就可以确定生产规模，根据互联网营销订单来完成生产，甚至提供一些个性化服务，使生产过程更加有序，保证了高效率、低成本的灵活、柔性的生产状态。

（三）现代企业组织机构更加弹性化

在传统的企业模式中，企业的组织机构一般是固定不变的，可当市场情况发生变化时，这种固定的组织机构模式不一定能与工作调整情况相契合。既然生产更加灵活了，人们就需要一种与之相配套的工作队伍机制。

在通过信息化手段改造企业的业务流程后，企业的组织也不再只是从上级与下级之间选择，而是可以随时组建某个项目的推进团队，项目结束后，团队随即解散，从而灵活地适应了信息化社会中的商业生存环境。管理者可以根据市场需求，动态地调整企业组织结构和规模大小。企业管理的重心向下移，从而减少一些不必要的中间管理环节，降低项目审批成本，建立一种扁平化、网络化的新型企业组织结构。实现各团队的横向协作与联系。因此，弹性化是企业信息化后的一个重要组织特征。

（四）现代企业管理一体化

现代企业的管理向来是人们最重视，但也最头疼的一部分，因为现代企业信息的多样式、现代企业工作的多面性和企业经营中不确定性，都让管理工作容易变得琐碎而杂乱。但当现代企业利用信息技术对数据分析和再造后，可以轻松地实现管理上的一体化。"管理一体化"指建立在现代企业内部资源网络和各类工具系统基础之上，以科学分析、快速决策和最优控制的思想，把各类企业信息作为重要资源加以开发和利用，并根据企业战略的需要把一些现代化的管理方法和技术手段融合，从而实现了企业内部的人力、物力、财力、时间、资源的优化管理和综合利用。

所谓管理信息系统，即用计算机和网络技术将企业的规划、生产、销售、财务、供应、人事、设备和技术等分别生成一个专门的子系统模块运作，再从更高层级集合和调用。从业务终端上直接收集、存储各类重要数据，动态地分析和比较，再提供给组织和企业中心管理人员，继而实现了企业的一体化管理，极大地提高了管理效率。

（五）现代企业经营尝试虚拟化

在传统的企业模式中，各类经营工作都必须在现实生活中一步一步地开展，有时受限于地理、时间、人员等条件，会使这种传统经营工作成本极其高，工作推进缓慢。而伴随着信息化技术的发展，一种新的企业组织形式——"虚拟企业运营"引发了人们的兴趣和关注。这是一种在互联网上运作，并与其他企业能力共享的一种全新的企业组织模式。此模式看似复杂，但其工作成本相对较低，有时甚至可能只需一台电脑、一个网络信息系统和一个网址就可以开展大量的工作，但其组织却是可以随时动态地组合或分解。企业中的信息管理人员足不出户，只需要操作电脑，借助互联网和一些业务网络，就可以获取订单、组织生产、办理财务业务、组织交货，仅仅按动键盘就可完成一笔交易。传统企业需花巨大的时间、精力才能完成的工作，现代企业在网上就可轻松实现。

当然，虚拟企业现在尚无法完全取代实体企业，且因网络标准和相应监管法律的不齐备，网络经营与交易仍然有一些安全风险，所以企业的虚拟化经营要以信息处理、传输的速度、信息和交易安全为基础。

（六）现代企业学习快速制度化

创新，是一个企业不断进步的最大保障。强大的学习能力，则是一个企业保持活力和创新能力的基础。所以，不断学习是信息化时代对企业的重要要求。信息化企业要建立起专门的学习组织和培训团队，保持学习的长期性和有效性，将学习变得制度化。一方面，信息技术使得学习和培训变得更加容易，获取各类学习资料更加快速方便；另一方面，信息技术也可以更加便捷地管理、规范员工的学习和培训活动。

二、现代企业信息化的意义

企业管理信息化建设是发生在企业管理领域的一场革命，通过技术手段的变化，引发了整个企业运行模式的深层次改革，尽管企业信息化建设的过程远没有结束，但此时它已经在帮助建立现代企业制度、提高企业管理水平、转换经营机制、促进管理现代化、加大企业间交流、有效降低生产成本、加快技术进步、提高经济效益、增强市场竞争力等诸多方面体现出现实和深远的意义。

（一）促进现代企业的深化改造和技术转型

在传统的企业生产中，生产模式往往已经固定，难以有大的突破。在企业的生产环节和经营环节引入信息技术，使得企业的技术和管理方法发生转型，借此提高企业在管理、决策方面的效率。企业信息系统借助自动化和互联网技术，综合企业的经营、管理、决策、服务于一体，以求达到企业和系统的效率、效能和效益的统一，使计算机和互联网技术在企业管理和服务中能发挥更强的作用。

在现代企业管理信息化过程中，可以通过建设与该企业自身业务相适应的信息系统，促进企业的结构重组，丰富相关的系统知识。此外，还可以对企业的业务流程进一步梳理和优化，对组织机构改革和简化，使得企业间的信息流动更加畅通，从而可以提高企业管理者决策水平和决策科学性，进一步提高企业的管理效率。

（二）大幅度提高员工的整体素质水平

现代企业的发展，应该是从劳动密集型向技术密集型转化，从人员积累向知识积累转化。信息化应用与改造使企业对岗位就业人员的知识技能提出更高的要求，其结果是从业人员主动进行技术学习和深造，或者被动地进行人员层次升级，引入高知识水平人员来代替低知识水平人员。企业员工的整体学历水平、知识层次、职业技能资质等都必然随之发生较大的变化。

（三）增强对外营销能力，接纳更多商机

传统的企业经营是以产品销售为主，而销售又主要靠营销人员"满地图跑断腿、满世界喊破嘴"来实现，这种方式效率低下，成本高，还会给营销人员带来巨大的疲劳感。虽说可以在电视或报纸等媒体上投放广告，但影响范围往往只被限制在某一局部区域之内，且企业要为之承担高昂的广告费用。因此，传统的企业营销方式中，销售区域有限，销售方式单一，而这一切都将随着企业的信息化建设而有所改变。

通过信息化进行企业产品营销和企业形象宣传，获得了商家们极大的青睐，这一技术为企业的对外交流搭建了便捷的桥梁，企业不仅可以借此改善和宣传企业的形象、文化和特色，还可以创造或接收许多商机。目前，信息技术、电子数据交换、电子商务等技术在企业信息化过程中得到大量应用。通过信息化建设，企业可以触及全球市场，交易机会得到了成倍的拓展。

（四）稳健地提高现代企业的经济效益

很多传统企业迟迟不愿进行信息化改造，并非不知道企业信息化建设能够带来的好处，只是畏惧于信息化所需要的投入成本。但这是一种短视，因为信息化所能实现的利益无疑更多。在企业进行信息化升级改造时，的确需要投入一定的资金，包括硬件购置、软件购置或开发、系统运行、招聘专门的技术人员及维护费用等，但这笔投入通常不用一年就可以在压缩成本或提高利润上得到回报。企业管理信息系统的建设是关系到企业生死存亡的长远大计，它的效益更主要体现在战略效益方面。此外，企业信息化也会产生一些直接的经济利益，比如：

第一，利用各类业务软件，实现机构和业务流程的精简，不但可以提高工作效率，而且可以节省大量劳动力。

第二，利用计算机计算，实现无纸化办公、无纸化设计与创造，可以节约大量的纸张和相关费用，效益也非常显著。

第三，采用信息技术，可以大量压缩库存，减少流动资金的占用；可以减少库存面

积，减少人员及设备数量，从而可以降低成本和投入，提高经济效益。

因此，信息化建设能给企业带来更多回报。

三、现代企业实现信息化的条件要求

企业信息化是现代企业实现转型升级的必由之路，但现代企业的信息化建设不能盲目开展，并不是任何一个企业随时随地都能开展信息化建设工程。现代企业要进行信息化建设，必须是认真的且准备充分的。可以通过以下六个条件来判断一个企业是否做好了信息化建设的充足准备：

（一）现代企业领导者要转变观念，提高对管理信息化的重视

企业管理信息化，领导者是关键。现代企业领导者的高度重视、直接决策和组织实施，对现代企业管理信息化建设至关重要。现代企业的领导者要了解、学习和掌握信息化知识，这样才能做到心中有数，把握大局。

企业管理信息化不单纯是个技术问题，它涉及企业的方方面面，信息化的过程是从"人治"向"法治"转变的过程。

现代企业组织框架的重组，流程的再造，涉及利益再分配问题。强化管理和控制，势必要和一些习惯势力产生碰撞。所有这些，都需要企业领导者坚定信心，并能身体力行。

（二）现代企业信息化的推进需要不断加大资金投入

现代企业要从战略高度出发，加大对现代企业管理信息化建设的资金投入。保证资金投入在一定程度上决定了现代企业管理信息化的规模和水平。资金不足是制约我国现代企业管理信息化的重要因素。因此，要推进我国现代企业管理信息化，除了政府继续加大对现代企业管理信息化建设的财政补贴、银行增加对现代企业管理信息化建设的贷款，还必须建立以现代企业为主体的多元投资体系，全面增加现代企业管理信息化建设的投入。

（三）对现有流程进行适当重组，建立适应现代企业管理信息化的模型

在传统的劳动分工原则下，企业流程被分割为一段段分裂的环节，每一环节的焦点只是单项任务和工作，而不是整个系统全局最优。在管理信息系统建设中，仅仅用计算机系统去模拟原人工管理系统，并不能从根本上提高企业的竞争力，重要的是重组企业流程，按现代信息化处理的特点，重新设计现有的企业流程，使之成为提高企业运行效益的重要途径。企业流程重组的本质就在于根据新技术条件下信息处理的特点，从事物发生的自然过程中寻找解决问题的途径。

企业流程与企业的运作方式、组织的协调合作、人员的组织管理、新技术的应用融合紧密相关。企业流程的重组不仅涉及技术，也涉及人文因素，包括观念的重组、流程的重组和组织的重组。通过企业流程的重组，要达到以新的企业文化代替原来的企业文化，用新的企业流程代替原有的企业流程，以扁平化的企业组织代替金字塔型的企业组织。可见，流程重组是一场革命，需要企业自上而下层层贯彻和实施推进。

（四）配备现代企业管理软件，架构现代企业信息系统

实现现代企业管理信息化建设，一是要构筑现代企业信息化网络；二是要对现代企业信息资源总体规划并建设现代企业信息系统，对于现代企业信息系统，现代企业可以自行开发，也可以联合开发；三是做好信息资源的标准化建设；四是建立信息化管理体制，如数据录入制度、数据备份制度、数据更新制度、员工培训制度等。

（五）对现代企业管理人员进行信息化知识培训

现代企业管理信息化建设是一项复杂的系统工程，需要投入大量的人、财、物等资源，涉及企业的方方面面，必须统筹规划、合理安排，否则有可能达不到预期目标，造成巨大损失。我国传统的企业管理体制很难满足现代管理信息化建设的发展需要，企业必须培训管理人员，使他们了解信息化基本知识，学习、掌握管理软件的使用方法，能对企业管理软件处理的数据进行维护，保证数据安全可靠。

随着全球经济一体化，知识经济、网络经济和信息社会的到来，全球范围内经济竞争更加激烈。企业要想在全球竞争的大环境中取胜，必须加强管理信息化建设，全面实现管理信息化。

四、现代企业信息化建设概述

企业信息化的重要性已经不是一个认识问题，而是企业想在这个时代发展，就必须面对的重要选择。当企业成长到一定阶段后，传统的生产和管理模式显然已不能满足现实发展的需要。企业会面临来自各方的挑战，包括市场需求、营销渠道、人才流动、资金周转等方面，而信息技术能够很好地帮助企业积极地应对这些挑战，提高企业竞争力，并为企业带来更多新业务。企业如果不建立与之相适应的网络平台、业务平台和管理信息系统，就很难在这个竞争日趋激烈的时代获胜。

（一）现代企业信息化建设的定义

1.现代企业信息化建设

现代企业信息化建设是指现代企业通过专门设立信息化建设机构或信息化主管人员，再配备适应现代企业管理运营要求的各类自动化、电子化、智能化的高技术硬件、软件、设备、设施等，实现企业从人工向自动化转化的工作条件，建立起包括网络、数据库和各类信息管理系统的新技术工作平台，提高企业经营管理效率的一种新的企业工作模式和发展方向。

2.现代企业信息化建设的目的

通过信息技术的部署和应用提高企业的生产、运营效率，改革现代企业的工作流程和工作方法，管控各类运营风险，降低经营成本，从而增加企业获利，增强企业持续经营的能力。

（二）开展现代企业信息化建设工作的好处

1.有利于实现现代企业内部信息的高效流通

在传统的企业工作模式中，员工沟通工作主要通过口头转述、电话连接或公文下达，这些方式时效性差，容易出现转述误差。现代企业的信息化建设可以改变这种信息交流不畅的弊端，通过电子邮件或各类协同办公软件，企业内部可以得到快速、有效的交流，员工的合作意识无形中得到了提高，企业的凝聚力获得了增强。

2.有利于实现重要技能和知识的转化与共享

以往，企业通过长期的培训和锻炼，才能使某个员工形成高效的工作技能，但这部分技能却需要花费较长的时间才有可能传授到另一个人的身上，知识的积累和技能的传递耗时耗力。而一旦这部分技术能手离职，则可能导致企业这部分技术缺失，给企业带来巨大的损失。现代企业实现信息化建设之后，就可以通过计算机技术将一些宝贵的工作经验与重要技术转化成具体的数据来记录和保存，成为企业信息资源的重要组成部分，这样一来，既能提高员工的学习和创新能力，也可避免以往因技术人员的辞职、调动等岗位变动而导致的重要数据的断环和工作延迟。

3.有利于提高现代企业的工作效率

在传统的企业工作模式下，一切都只能依靠人工进行，难免存在工作强度大、效率差、耗时性高、误差率大等问题。在现代企业完成信息化建设后，产品生产、公文收发等都可以实现自动化、标准化，从而避免了传统模式下由于人力递送、手工操作而带来的工作延误和产量低下，保证了各项工作任务能够更快捷、准确、合格地完成。

4.有利于对日常工作实施更加有效的管理

在传统的企业工作模式下，人浮于事、应付差事等陋习屡禁不绝，其根本原因是企业无法实现有效、科学、严谨的监管与考核。在现代企业实施信息化后，可以通过视频技术和网络技术随时随地查看工作现场，可以通过专业的计算机软件对员工实行公平、准确的工作记录和工作考核，从而实现对工作的有效管理与督导。

5.有利于促进岗位改造，实现职责分明

现代企业可以利用信息技术改造工作流程，进而影响工作岗位的改造，统一各岗位的操作规范，明确工作岗位与工作职责，增强员工的责任感，从根本上减少工作中的推托、扯皮等不良现象。

6.有利于降低现代企业的办公成本

办公开支一向是企业成本中的大头，又无法有效缩减。通过开展信息化建设，现代企业可以实现"无纸化办公""网络化传达""科学化考评"，如此一来，既节约了时间、节约了纸张、节约了电话费、传真费等，还降低了出错率，能够极大地减少办公开支，降低管理成本。

7.有利于增进现代企业办公的便捷性

传统的企业办公模式是以人力为主，不在一个地区的部门间开展工作既会消耗大量时间，也会导致工作效率低下。但在现代企业开展信息化建设后，可以利用各类专项办公软件，实现快捷、高效和现代化办公。对于跨部门、跨地区的工作，企业员工通过网

络技术可以实现远程办公和移动办公，使办公不再受地域的影响，从而使工作的便捷性大大提高。

8.有利于促进现代企业信息的共享与利用

以前企业的数据存档主要依靠纸质文件进行，传阅效率有限。通过信息化建设，现代企业可以快速实现数据电子化、流通高效化，并可借助计算机技术对这些信息完成快速归类、排序、检索等管理和维护工作。企业查询信息更加便捷，信息的共享性更强，利用率大为提高。

9.有利于实现符合业务流程的定制服务

不同的企业、不同的岗位，可能工作流程各不相同。所以，很多优秀的工作方法不能互相套用，反复利用率较差。现代企业实施信息化建设后，通过计算机技术可以完成业务流程表单的自定义、工作流程的改造，满足企业内部不同工作流程的需要，从而提高企业的工作效率。

10.增进现代企业信息的安全性

现代企业的产品信息、商业规划、专利技术等都是重要的商业机密，因此，现代企业需要对其进行保密工作。在传统的工作模式中，相关文件可能需要专人管理、保险柜存放，管理成本高，管理效率低下，保密性一般。但现代企业在实施信息化建设后，可以利用计算机技术的加密算法对敏感数据便捷地加密。在材料的传送和报送过程中，现代企业还可以通过 SSL（Security Socket Layer，安全套接层协议）加密技术进行数据传递，实现网络数据传送过程中的高效安全和多层保护。

（三）现代企业信息化建设面临的问题

1.技术人才缺乏

技术人才缺乏是制约中小企业实施信息化建设的问题所在。信息技术人员的数量从某种程度上可以反映出现代企业实施信息化的水平，企业信息化程度越高，则需要更多能熟练运用计算机的员工，但很多的中小企业只配有极少数的信息化操作技术人员，技术力量较为薄弱。而目前，我国中小企业由于薪资水平普遍缺少竞争力，从而对吸引和稳定技术人才带来了很大的挑战。

在中小企业信息化建设实施过程中，问题主要出在实施人员身上。实施人员的管理基础知识和理论知识不足，特别是缺乏企业背景，了解和解决企业管理中的实际问题的能力不足，而实施人员本身的素质同实际所要求的能力之间的差异是导致中小企业信息化建设产生问题的主要原因。

解决办法：中型、大型企业增加专业信息工程师岗位，招聘符合岗位需要的技术人员。小型企业可以采取服务外包的形式，购买信息服务。

2.信息化建设资金匮乏

现代企业的信息化建设，无论是服务器、台式电脑、笔记本电脑等硬件设备的购买，还是网络平台的构建，以及各类生产、业务管理系统的应用，都离不开资金的支持，尤其是信息系统的管理和维护，更需要有长期和稳定的资金保障，否则现代企业的信息化建设水平就只能原地踏步，甚至会出现设备折旧损坏、业务应用后退的问题。

解决办法：对于有合作关系的企业，可以通过建立业务对接的信息系统换取建设资金的支持。对于自身承担所有费用的企业，可以将信息化项目分阶段、分缓急、分步骤地批次实施，分担资金压力。

3.信息化建设缺少规划

就我国目前多数中小企业信息化建设情况看，普遍存在缺少整体规划的问题，主要表现在：软件使用杂乱，偏重个人喜好，导致系统兼容性差；各部门独自建设各自的管理系统，信息孤岛较多；网络和信息安全考虑较少，存在很大的安全隐患。

解决办法：咨询专业的工程人员和专家，编制出正确、适用的建设规划，并在建设时期制定详细的技术方案，确保工程质量合乎方案要求。

4.现代企业管理不规范

现代企业信息化建设促使现代企业营销、采购等管理环节更加透明，这必然会触及一些既得利益者的经济利益，降低他们用信息化手段梳理业务流程的积极性，这种企业管理中人为因素的较多干预，在一定程度上限制了信息系统的应用深化。

中小企业在信息化建设的实施过程中，认为内部的各部门处于从属的地位，只要做好配合工作就可以了，这样的想法和做法都是错误的。中小企业内部各部门必须在信息化建设项目的实施过程中处于主动和主导的地位，并发挥决定性推动作用。相当一部分企业把信息化建设任务主要交给企业的计算机技术人员去实施，这种做法实质上是把一个管理项目转变为一个计算机项目，是不正确的。

解决办法：一方面，要根据现代企业实际的工作流程和管理需要，制定严谨有效的信息化操作和管理规范；另一方面，根据操作日志定期检查、核实员工的操作情况，引导其正确、积极地利用信息系统，有效地完成工作任务。

5.风险抵御能力不够

由于受客观的需求分析较少，全局性、前瞻性的战略规划较少，资源相对匮乏、整合效应相对较差等客观因素的影响，中小企业信息化建设在实施过程中往往会在一定程度上偏离初期的规划，导致其不能符合中小企业管理的需要，或者暂时满足后又不能持续适应中小企业管理的变化，不能给中小企业带来真正的效益，从而为企业造成了不同程度的风险。

解决办法：从建设阶段就认真调查企业的实际需求，详细论证系统的可行性，并在建设时就预留出以后的升级接口和改造接口。

（四）现代企业信息化建设的实施条件

第一，现代企业自身要有信息化的内在需求，形成信息化建设的主观意向。

第二，现代企业要有一个科学、合理的企业信息化建设的总体规划，以明确信息化建设的具体方向和范畴。

第三，现代企业要有技术和管理基础，以便规划出合格的信息化建设和应用方案。

第四，现代企业要有自己的技术和管理人才，以便对信息化系统进行应用和定期维护。

第五，现代企业的信息化建设方向要与技术进步、管理创新和观念更新相结合，这样信息化建设才能对企业的发展起到最大的辅助和推动作用。

第六，现代企业在开展信息化建设时要挑选出一个良好的合作伙伴，这样才能保障信息化系统的研发与搭建保质、保量、按时完成。

第七，现代企业内部要有一个信息主管具体负责相关工作，保障信息化建设的过程中监管有人、协调有方、建设有章。

第八，现代企业信息化建设要有专门的部门来实现，不管是建设时的配合施工，还是建成后的具体应用，都应有具体的职能部门负责，通过具体的机构保障信息建设工作的顺利有序开展。

（五）现代企业信息化建设的工作内容

许多人认为购买一些硬件设备、连接网络、开发一个应用系统并给予一定的维护就是实现了现代企业信息化，这是片面地理解现代企业信息化。虽然要应用现代信息技术并贯穿其始终，但信息化的目的是使企业充分开发和有效利用信息资源，把握机会，做出正确决策，提高企业运行效率，最终提高企业的竞争力水平。现代企业信息化的目的决定了现代企业信息化是为管理服务的，所以，现代企业信息化绝不仅是一个技术问题，而是与现代企业的发展规划、业务流程、组织结构、管理制度等密不可分的系统工作。所以，根据现代企业的发展要求和信息技术的特点，现代企业信息化建设的工作内容应为：

1.建设信息化制度

建立适应信息技术要求的现代企业生产经营活动模式，包括企业的业务流程和管理流程，完善企业组织结构、管理制度等。

2.建设信息化数据库

以管理模式为依据，建立现代企业的总体数据库。该总体数据库分为两个基本部分，一个基本部分是用来描述现代企业日常生产经营活动和管理活动中的实际数据及其关系；另一个基本部分则是用来描述现代企业高层决策者的决策信息。

3.建设信息化业务系统

根据不同类型企业的情况，建立相关的自动化及管理系统，如计算机辅助设计（Computer Aided Design，CAD）、计算机辅助制造（Computer Aided Manufacture，CAM）、管理信息系统（Management Information System，MIS），这些各种各样的信息技术及管理系统构成现代企业信息技术的核心内容，实现现代企业生产经营活动及管理活动中各项信息的收集、存储、加工、传输、分析和利用，为现代企业高层提供决策依据。

4.搭建网络平台

搭建网络平台，提供现代企业内部信息查询的通用平台，并利用这一网络结构，将现代企业的各个自动化与管理系统及数据库以网络的方式重新整合，从而达到企业内部信息的最佳配置。连通互联网后，现代企业可以通过互联网获取大量与企业生产经营活动有关的信息，充实自己的信息资源，同时还可以向外部发布企业生产经营等公开信息。

五、现代企业信息化对企业生产经营的重要影响

现代企业信息化在全球范围内的迅速发展，对世界各国的企业来说，既提供了前所未有的机遇，也带来了极为严峻的挑战。现代企业信息化对现代企业生产经营的影响是

极为深远的，也是不可逆转的。

（一）现代企业信息化对企业营销活动的影响

1.现代企业信息化对市场的影响

现代企业信息化的迅速发展必将使传统的市场性质发生新的变化，主要表现在以下三个方面：

第一，随着 B2B 模式（发生在企业与企业之间的电子商务模式）的出现和不断推广，生产企业之间可直接通过网络实现从原材料采购到商品生产、入库、销售和输送全过程的紧密沟通，配合更加紧密，提高了企业的运作效率。

第二，随着市场的进一步细致划分，消费者的购买行为逐渐多样化、快捷化，而这一切的发展都因信息技术而变得越发顺利。商家与消费者间的距离正变得越来越短，消费者可以通过即时通信工具直接与商家洽谈，消费者有购买需求时可以通过电子商城直接查询，便捷地与生产企业联系和定制。正是信息化建设，使得企业与消费者间的距离不断缩短，即便是庞大的企业也可以快捷地针对单个消费者提供销售和技术服务。

第三，随着信息技术的发展，生产和工作手段越发先进。借助电子商务平台，企业和消费者可以有效地实现无纸化交易和在线支付，使得交易形式变得更加简单。

2.现代企业信息化对消费行为的影响

当现代企业的生产经营完全进入信息化时代后，商业营销出现了新的方式和新的渠道，与传统商业模式相比，消费者的购买行为和购买需求都将随之而产生巨大的变化，主要体现在以下三个方面：

第一，由于选择范围的显著扩大，消费者可以在短时间内通过网络从大量的商家中反复比较、选择，从中找到理想的商家，而不必像现在这样要花费大量的时间、精力去"货比三家"。

第二，消费者的消费行为将变得更加理智，对商品的价格可以精心比较，不再因为不了解行情而上当受骗。

第三，消费者的消费需求将变得更加多样化、个性化，消费者可直接参与生产和商业流通，向商家和生产厂家主动表达自己对某种产品的欲望，定制化生产将变得越来越普遍。

3.现代企业信息化对现代企业营销理念的影响

面对信息化带来的全球信息共享和资源共享，经济全球化已经成为当今世界经济发展的主要趋势。国内企业应该积极走出国门，用全球化的眼光看待市场，把握市场，在全球范围内开展营销活动。利用信息技术在全球范围内铺设营销网络，构建营销组织，采用先进的营销技术实施营销战略。

（二）现代企业信息化对企业组织结构的影响

适应工业经济社会生产状况和技术基础的组织管理方式，是传统组织理论下形成的金字塔型、自上而下控制的管理组织形式，即等级组织结构。这种组织结构有多个管理层次，并有一套复杂的操作程序来决定报告渠道、权力层次、部门特权、工作界定和操作规则。

这种组织结构的特点是强调专业分工、经济规模、顺序传递、等级森严。等级组织结构形式给工业时代的企业带来了一定的优势：规模经济实现、职责清晰、秩序井然、工作效率提高、组织稳定性较好等。但是，在现代企业信息化条件下，这种组织结构暴露出越来越多的问题：

第一，由于管理层次过多，必然影响信息传递的速度和效率，同时信息传递过程中的失真现象必定会影响决策的准确性。

第二，金字塔型的组织结构往往等级森严，机构臃肿，不利于创新、协调与合作，影响企业员工的积极性、主动性和创造性的发挥。

第三，由于管理层次复杂，业务流程分散割裂，必然会导致企业的市场适应能力下降，对客户需求的满足能力低下，阻碍企业的生存与发展。现代企业信息化的发展必然会对传统的企业组织结构带来不可低估的冲击，适应现代企业信息化发展要求的现代企业组织结构必须具有以下三个方面的特点：

1.组织结构扁平化

组织结构扁平化意味着现代企业要打破部门之间的界限，能够把相关人员集合起来，按照市场机会去组织跨职能的工作。结构扁平化必然会大量减少现代企业的管理层次和管理人员的数量，依靠高效率、高速度提高现代企业的管理水平，降低管理费用。由于现代企业信息化的发展和应用，现代企业组织结构扁平化将会出现两个方面的趋势：一方面使现代企业内外的信息传递更为快速、直接、便捷，可以显著减少企业原有的不必要的管理层次，使管理机构更精简、更高效；另一方面，现代企业信息化的应用，使得现代企业的相关部门能更直接、更有效地与客户接触、沟通，减少决策与行动之间的延迟，加快对市场和竞争动态变化的反应，从而使组织的能力变得柔性化，反应变得更加灵敏。

2.组织决策的分散化

现代企业信息化的发展,使企业过去高度集中的决策中心组织改变为分散的多中心决策组织。在单一决策下容易形成的官僚主义、低效率、结构僵化、沟通壁垒等,都在多中心的组织模式下逐渐消失了。在现代企业信息化环境下,企业决策将由跨部门、跨职能的多功能型的组织单元来制定。决策的分散化增强了员工的参与感和责任感,从而提高了决策的科学性和可操作性。

3.运作模式虚拟化

在现代企业信息化的模式下,企业的经营活动打破了时间和空间的限制,出现了一种类似于无边界的新型企业存在形式——虚拟企业。它的出现打破了企业之间、产业之间、地域之间和所有制之间的各种界限,把现有资源整合成为一种超越时空、利用电子手段传输信息的经营实体。

虚拟企业可以是企业内部几个要素的组合,也可以是不同企业之间的要素组合,各参与方充分发挥各自的资源优势,围绕市场需求组织生产经营,做到资源共享、风险共担、利益共享。现代企业信息化将使虚拟企业的运作效率越来越高,优势也会越来越明显。

(三)现代企业信息化对生产方式的影响

生产过程是开展各种商务活动的基础,现代企业信息化对现代企业生产方式的影响同样不可忽视。从大的方面来看,可概括为以下三点:

1.现代企业生产过程的现代化

现代企业信息化在现代企业生产过程中的应用,可在管理信息系统的基础上,采用计算机辅助设计与制造,建立计算机集成制造系统;可在开发决策支持系统的基础上,通过人机对话实施计划与控制,从物料资源计划发展到制造资源计划和企业资源计划。这些新的生产方式使信息技术和生产技术紧密地融为一体,助力传统生产方式升级换代。

2.低库存生产

在实施现代企业信息化以后,各个生产阶段可以通过网络相互联系、同时进行,使传统的直线串行式生产变成网络经济下的并行式生产作业,在减少许多不必要的等待时间的同时，也使得即时制生产成为可能，使库存降低到最低限度。在过去，企业必须先把产品生产出来放在商场中等待销售，这样必然会占用资金和库容。应用现代企业信息化以后，如果没有产品需求，企业就可以暂时不生产，等到新的需求产生后再进行生产，这样就可大大降低生产和销售成本。低库存生产主要借助于现代企业信息化，快速地调研市场需求，对市场的反馈做出最快反应，同时利用网络掌握竞争者的最新动态，调整、改良企业的产品与服务。

3.数字化定制生产

数字化定制生产即规模顾客化生产，是在广泛地应用网络技术、信息技术、管理技术的基础上，用标准化的部件组合成顾客化的产品（或服务），以单个顾客为目标，保证最大限度地满足顾客需求。数字化定制生产与传统意义上的定制生产的本质区别在于它是在规模化基础上的定制生产。数字化定制生产并不是企业提供无限的选择，而是提供适当数量的标准件，并使之形成成千上万种搭配，既给顾客一种无限选择的感觉，又可以对复杂的制造程序进行系统管理。

现代企业信息化的发展使数字化定制生产不仅变得必要，而且也成为可能。进入现代企业信息化时代的消费者需求变得越来越多样化、个性化，市场细分的彻底化，使得现代企业必须针对每位顾客的需求一对一地进行个性化营销；否则，顾客只要点击鼠标就可找到新的、更符合自身需要的商家。同时，现代企业信息化使得数字化定制生产变得简单可行，现代企业通过构建各种数据库，记录全部客户的各种数据，并通过网络与顾客进行实时信息交流，掌握顾客的最新需求动向，现代企业得到用户的需求信息后，即可准确、快速地把信息送到企业的设计、供应、生产、配送等各环节，各环节可及时准确又有条不紊地对信息做出反馈。

（四）现代企业信息化对人力资源管理的影响

通过信息化方式进行人才招聘已被越来越多的企业所认识，与此相应的人才测评、人才流动方式也还在网上迅速发展着。与传统的人才招聘、录用方式相比，信息化招聘具有十分明显的优势。

第一，通过企业网站可全天候发布用人信息，随时恭候合适人选前来应聘。

第二，将大大降低人才招聘的开支，提高招聘的效率。

第三，人才的招聘范围将不再受地域的限制，可扩展到全国，甚至全球范围。

第四，人才的网上测评可采用灵活多样的方法，提高测评的科学性和准确性。

第五，人才的网上流动可以悄无声息地进行，既节省费用，又有更多的选择机会。

与此同时，在现代企业内部，员工之间的直接交流和沟通比过去更加方便，信息、知识等资源共享以后，员工之间相互信任、相互学习、相互交流的气氛越发浓郁。实施信息化人力资源管理后，企业将成为员工学习知识、发展自我、实现人生价值的地方，而不应成为不容差错和失误、束缚个人自由发展的流水生产线。

第二节 现代企业信息化建设发展规划

一、现代企业信息化建设需要有科学的发展规划

（一）现代企业信息化建设发展规划概述

现代企业信息化建设发展规划是以整个企业的发展目标和发展战略、管控模式和业务流程等为基础，结合行业信息化方面的实践和对信息技术发展趋势的把握，提出适合现代企业战略发展的信息化战略、信息化策略、信息化建设蓝图和目标、实施策略和保障措施，按投进产出、风险控制等进行全面分析与规划。信息化战略规划是现代企业信息建设的纲领，用以指导和帮助现代企业信息技术的协调发展、满足现代企业信息化建设的需要，从而达到有效、充分地利用现代企业的信息资源。现代企业信息化建设的发展规划必须立足于企业的自身特点和客观实际情况，结合行业发展趋势和市场环境来拟定。

（二）现代企业信息化发展规划的编写原则

各个现代企业的内部情况和外部面临的发展机遇、市场挑战各不相同，故而其信息化发展规划也各不相同，但都需要具备以下几个原则：

1.实用性

现代企业的信息化建设发展规划应该以实用为出发点，必须立足于企业发展的实际

需要，不能一味地贪大求全，也不能单纯地模仿其他企业。

2.前瞻性

现代企业的信息化建设发展规划不能只是满足眼前的需求，还应该着眼于未来数年的企业发展，能够引导或适应企业在下一个阶段的发展方向。

3.科学性

现代企业的信息化建设发展规划必须方向明确、设计合理、数据准确、结构严密。只有这样，所制定出来的规划才能真正实现可实施价值。

4.技术性

现代企业的信息化建设发展规划必须充分利用成熟的信息化技术，了解行业的信息化技术应用情况，所规划的系统应该符合行业的技术发展水平。

5.可实现性

现代企业的信息化建设发展规划必须言之有物，技术上经过论证，操作上有成功的案例，能够合理、科学地面对和规避各种潜在的风险和不良影响。

（三）现代企业信息化建设发展规划的制定目的

现代企业的信息化建设不仅是一场技术变革，也是一场管理变革，因为现代企业无论采用怎样的技术与管理手段，其最终目的都是实现企业战略、提高企业的核心竞争力，从而实现增值。故而信息化建设发展规划应当全面整合系统应用和相关信息架构，让各种业务解决方案、应用系统和数据都能不受约束地在现代企业总体结构上实现有效配合，同时结合现代企业管理需求、业务流程和信息化基础，对信息化目标和内容进行整体规划，全面系统地指导现代企业信息化建设。

二、现代企业信息化建设发展规划的制定方法

（一）从现代企业战略实现角度出发

现代企业信息化建设发展规划，必须从现代企业的长远发展战略角度出发，要能支撑现代企业的战略实现，通过对治理模式的创新，达到提升现代企业核心竞争力的目的。

（二）坚持理论研究成果与现代企业实际相结合

研究国内外企业信息化建设成果及同类企业成功应用实践案例，结合行业的国际竞争环境，了解现代企业所处的行业地位及区域特点，结合现代企业信息化的现状及信息资源，编制出具有个性化的、独特的解决方案及总体思路。

（三）现代企业信息化要重视内外部环境

现代企业的信息化建设必须坚持内外并重的原则。一方面，持续推进企业内部信息化建设，促进企业业务流程的重组与优化，增强产、供、销之间的协作能力，实现现代企业的精细化治理，从而达到事前猜测、事中控制、事后核算的治理要求。另一方面，通过整合上下游关联企业的资源，构筑现代企业之间协同的全程供给链，实现业务流程和信息系统的融合与集成。

（四）总体规划，分步实施

现代企业信息化是一个具有广泛范围的、极其复杂的集成化的应用，因此现代企业信息化建设必须坚持"总体规划、分步实施、需求牵引、效益驱动、重点突破"的方针，公平制定项目具体的实施及阶段目标，保护项目的投资。

（五）加强内外合作

由于信息化项目是一个多学科的系统集成，因此必须充分发挥各行各业的人才、资源优势，将专业化咨询服务公司、研究机构、学校的专家教授、学者及企业相关资源，进行相应的资源整合，形成具有协同集成效应的综合咨询平台。

（六）尽量保护已有投资

系统设计应尽量结合现代企业实际，充分利用现代企业现有资源（软件、硬件、网络），留意与现代企业现有信息系统的衔接。同时，对确实不适应总体规划要求的信息系统做出适当的调整和改进。

三、现代企业信息化建设发展规划的编写

一份规范的现代企业信息化建设发展规划，至少要包含以下内容：

（一）第一部分：前言

在前言部分，主要交代编写本信息化发展规划的背景、原因、现状、目的和意义。

1.背景

说明当前大环境对本发展规划的影响，可以包括时代背景、政策背景、技术背景、市场背景等。

2.原因

说明编写本规划的重要原因和出发点。

3.现状

说明本企业目前在信息化方面的发展情况、存在哪些不足和有哪些成果。

4.目的

说明编写本规划的想法和期望。

5.意义

说明编写本规划对现代企业发展的重要影响和作用。

（二）第二部分：指导思想和基本原则

本部分是现代企业信息化建设发展规划的指导性内容，主要包括指导思想和基本原则两大部分。指导思想是指现代企业在实施信息化建设时指导其具体工作行动的思想、观点或理论体系。基本原则是指在现代企业实施信息化建设时能体现其价值观，在具体的建设工作中所适用的具体的办事原则。

（三）第三部分：工作目标和工作任务

本部分是现代企业信息化建设发展规划的具体内容，主要包括工作目标和具体的工作任务两部分。

工作目标是指本规划在特定时期内所要达到的某种效果。可以根据现代企业信息化

工作的繁简程度，再进一步细分为总体目标和阶段性目标。

工作任务是指在特定的时期内，现代企业需要进行信息化建设的具体工作内容。

（四）第四部分：规划的实施方法和保障措施

本部分是现代企业信息化建设发展规划的保障性内容。此部分要说明规划的推动方法、负责人员或机构、保障规划得以顺利推动和开展的各类方法等。

第三节 现代企业经济管理的信息化成本

一、经济管理信息化成本的内涵

国内外对管理信息化成本的本质认识还很少，主要研究的是信息化成本。而信息化成本的定义如同信息的定义一样存在多样性，不同学者站在不同的角度有不同的认识，有的从市场交易角度看，有的从企业性质看，有的从企业管理看，等等。

所谓信息化成本，就是指在市场不确定的条件下，企业为了消除或减少市场变化带来的不利影响，搜寻有关企业交易的信息所付出的代价。现代社会是一个信息化社会，市场经济是一种信息化经济，信息也是一种稀缺的资源。信息化成本是经济学研究经济活动、分析经济成本的一个重要概念。在激烈的市场竞争中，搜寻企业交易信息起着越来越重要的作用，企业的信息化成本在总成本中的比重也将越来越大。主要原因有两点：一是信息不完全，企业始终处于信息不完全的状态中，因此必须花大量的精力去搜寻尽可能多、尽可能准确的信息；二是信息不对称，在市场竞争中，当市场的一方无法了解另一方的行为，或无法获知另一方的完全信息时，就会出现信息不对称的情况。信息不对称不仅包括在一般状态下自然存在的不对称，还包括人为因素造成的信息失真。面对信息不对称，企业也需要花费大量的成本去收集相关信息。

现代企业的信息化成本是基于企业的性质要求，为搜寻、纠正效益目标所需要的信息而必需的成本支出。它是为企业效益目标提供确定导向而形成的对各种信息活动的投入。总体来看，现代企业信息化成本分为直接成本和间接成本两部分。

直接成本从内容上看分为以下几种：

第一，为寻找有效信息内容而发生的设计成本；

第二，为收集和加工处理信息内容而发生的技术性成本；

第三，为有效使用信息内容和信息技术设施而发生的信息人力资本的投入；

第四，为营造公共利益与个人利益相协调的信息机制、信息环境而付出的成本。

间接成本则是由直接成本派生出来的那部分成本，主要包括：

第一，路径依赖及其负面成本；

第二，弥补信息流动陷阱的成本，即信息供求严重失衡的情况下企业被迫增加的信息投入；

第三，由于操作技术不配套而加大的成本；

第四，因采用新标准而付出的调整成本；

第五，互联网条件下的信息负面成本；

第六，信息技术设备的无形消耗所造成的无形成本。

管理信息化成本是现代企业信息化成本的一个部分，是基于管理视角的信息化成本。管理信息化成本的概念有狭义和广义之分，广义的管理信息化成本是指现代企业在管理过程中，为了降低决策结果的不确定性，收集、加工、储存、传递、利用管理信息所付出的代价和因信息不完全产生的决策损失。狭义的管理信息化成本是指现代企业在管理过程中，为了降低决策结果的不确定性，收集、加工、储存、传递、利用管理信息所耗资源的货币化表现。

二、经济管理信息化成本的特征

信息经济学认为，收益是信息需求的前提，而成本则是信息供给的基础。经济管理信息化成本有以下几个特征：

第一，信息化成本部分隶属于资本成本，且属于典型的不可逆投资。对于信息系统的各种设备和装置的投资，以及对于掌握某种知识或技能的原始投资，都可以很好地说明信息化成本部分隶属于资本成本。

第二，在不同领域、不同行业中的信息化成本各不相同。人们在未知领域中获得信息，要比在较为熟悉的领域中获得信息花费更多的成本；具有共同经验或同一行业中的个人之间交流信息，比没有共同经验或不同行业的个人之间交流信息要简单得多，也有效得多。

第三，信息化成本与信息的使用规模无关。也就是说，信息化成本的大小只取决于生产项目而不是其使用规模。

第四，信息化成本的转嫁性。许多类型的信息产品和服务，如教育、图书馆、气象信息，具有公用性和共享性，其成本由公民共同承担；但同样的纳税者所享有的信息产品和信息服务不同，甚至不享有也要交费，或者某些享有者可以不交税或不交费。

根据管理信息化成本的内涵，管理信息化成本属于信息化成本的一部分，除具有上述信息化成本的特征外，还有如下一些特征：

（一）区域性

管理信息化成本受经济因素的影响。一些地区的经济、文化中心，拥有许多区位优势，信息化成本较低；反之，非经济、文化或政治中心，由于信息量较少，或有用信息较少，企业做出管理决策之前会花费更多的费用，或付出更大的代价。

（二）价值驱动性

管理信息化成本产生的目的是追求效益，其形成动因是信息价值。企业通过信息价值的产生，实现信息化成本的补偿，最终获得信息收益。如果管理信息不会给企业带来更大的价值或减少损失，管理信息化成本就不会有发生的原动力。

（三）源于管理决策的信息需求

现代企业在管理过程中为了科学、有效地决策，需要搜寻、收集、加工、传递、储存信息，在这一过程中必然会投入人力、财力和物力，也就必然会产生成本。因此，管理信息化成本源于管理决策的信息需求。

三、经济管理信息化成本、管理成本与交易成本

成本是商品经济的价值范畴，是商品价值的组成部分。人们要进行生产经营活动或达到一定的目的，就必须耗费一定的资源（人力、物力和财力），其所费资源的货币表现及其对象化被称为"成本"。它有几方面的含义：成本属于商品经济的价值范畴；成本具有补偿的性质；成本本质上是一种价值牺牲。随着商品经济的不断发展，成本概念的内涵和外延都处于不断变化发展之中。管理信息化成本是一种特殊的成本形态，它与管理成本和交易成本之间既存在一定的联系，也存在一定的区别。

（一）管理信息化成本与管理成本

管理成本是企业为有效管理、合理配置管理这一特有稀缺资源而付出的相应成本，或企业为投入管理这种稀缺资源所付出的代价。企业的管理成本主要由四个方面组成：内部组织管理成本、委托代理成本、外部交易成本和管理者时间的机会成本。其中，内部组织管理成本是指现代企业利用企业内部行政力量这只"看得见的手"取代市场机制这只"看不见的手"来配置企业内部资源，从而带来的订立内部"契约"活动的成本。委托代理成本是指由于委托代理关系的存在而产生的费用。现代企业在购买或租用生产要素时需要签订合同，而在货物和服务的生产中则需要有价值的信息，这两者都涉及真实资源的消耗，这种真实资源的消耗被定义为外部交易成本。企业的外部交易成本可分为搜寻成本、谈判成本、履约成本。管理者时间的机会成本是指因管理者在企业管理工作上投入时间而产生的成本，也就是指管理者的时间资源因为用于管理而不能用于其他用途的最大可能损失。

有的专家认为，信息化成本是从管理成本中细化出来的一个成本概念，是企业管理成本的一部分。但如果对管理成本和管理信息化成本的内涵进行分析后会发现，两者的关系并非如此。管理成本是企业基于管理活动所形成的成本，包括的内容有很多，既有内部组织成本和外部交易成本，还有委托代理成本和机会成本。而管理信息化成本有广义和狭义两种，广义的概念包括内部管理信息组织结构发生的成本、购买信息商品发生的成本、管理信息化系统发生的成本和管理信息化的机会成本和决策损失；狭义的概念主要包括广义概念的前三项内容。因此，管理成本包含了部分管理信息化成本，但两者又有所区别：管理信息化成本中的信息商品成本、管理信息化结构成本对应属于管理成

本的外部交易成本和内部组织成本，而管理信息化系统成本、管理信息化的机会成本和决策损失则不属于管理成本的范畴。管理成本和管理信息化成本的相同点有两个：一是产生的动因相同，都是管理决策；二是实质相同，都是一种货币表现。两者的差异也有两个方面：一是内涵不同，所包含的内容也不同；二是对企业的影响不同，管理成本对任何一个企业都会产生重要影响，而管理信息化成本对企业的影响程度有大有小。

（二）管理信息化成本与交易成本

从广义的角度看，交易成本就是制度成本，它是从契约过程的角度阐述交易成本的存在，比较直观，可操作性强。从社会的角度来看，交易是人与人之间经济活动的基本单位，无数次的交易构成了经济制度的实际运转，并受到制度框架的约束。因此，制度经济学者认为交易成本是经济制度的运行费用，由此提出交易成本包括制度的制定或确立成本、制度的运转或实施成本、制度的监督或维护成本、制度的创新或变革成本。

从本质上说，有人类交往互换活动，就会有交易成本，它是人类社会生活中一个不可分割的组成部分。结合管理信息化成本的概念可以知道，管理信息化成本部分属于交易成本的范畴，如外购信息商品的成本、搜寻管理信息的成本，它们既是交易成本，又是管理信息化成本。虽然管理信息化成本是基于管理的信息化成本，是企业信息化成本的一部分，但管理信息化成本与交易成本之间并不是一种简单的包含关系，无论是从概念、内容上，还是从视角、动因上，两者都是有区别的。

第五章 现代企业经济管理信息化的技术选择

第一节 现代企业经济管理信息化技术概述

一、现代企业经济管理信息化技术的内涵

信息技术（Information Technology，IT），在狭义上被认为是"借助以微电子学为基础的计算机技术和电信技术的结合而形成的手段，对声音的、图像的、文字的、数字的和各种传感信号的信息进行获取、加工、处理、存储、传播和使用的能动技术"。从内涵上来讲，信息技术是指用于实现信息采集、获取、加工、传输、存储、处理、输入、输出的一整套技术体系，在这个技术体系中，包含光、电、声、磁学原理的广泛应用。

信息技术是高新技术的代表，是渗透性强、倍增效益高的最活跃的科技生产力。信息技术从根本上改变了信息收集、信息处理、信息传输的方式和路径，也引起了现代企业的组织结构、管理理念、决策方式、业务过程组合和营销手段等渐进的或根本性的变革。事实上，越来越多的工作在计算机辅助下进行，现代企业对信息技术的依赖性越来越强。现代企业经济管理信息化就是信息技术应用于企业生产、技术、经营管理等领域，不断提高企业信息资源开发效率、获取信息经济效益的过程。现代企业大量采用信息技术，改进和强化了企业物资流、资金流、人员流及信息流的集成管理，对企业固有的经营思想和管理模式产生了强烈冲击，带来了根本性的变革。信息技术与现代企业经济管理的发展与融合，使现代企业竞争战略管理不断创新，竞争力不断提高。

二、现代企业经济管理信息化技术的内容

按上述信息技术的说法，针对现代企业，将用于支撑企业信息技术的应用、实现企业信息化建设的信息技术、按照企业的生产经营管理思想为直接解决企业问题而具体集成和应用的技术或应用系统，被称为现代企业信息化技术。制造业信息技术应用是指在制造行业企业应用的、建立在计算机系统基础之上的、各种以计算机软件为其主要应用基础的信息管理技术和制造技术，如企业资源计划（Enterprise Resource Planning，ERP）、供应链管理（Supply Chain Management，SCM）、客户关系管理（Customer Relationship Management，CRM）、办公自动化（Office Automation，OA）、电子商务（Electronic Commerce，EC）、呼叫中心（Call Center，CC）、产品数据管理（Product Data Management，PDM）等，在一个现代企业范围内运行的所有 IT 应用组成了现代企业的 IT 组合系统。

（一）信息管理技术

1.企业资源计划

ERP 是企业资源计划的英文缩写，是为了适应当前知识经济时代特征——顾客、竞争、变化，整合了企业内部和外部的所有资源，使用信息技术建立起来的面向供应链的管理工具。ERP 具有鲜明的时代特征，它重新定义了企业的业务流程，用新经济时代的"流程制"取代了以往的"科层制"管理模式，建立了以顾客和员工为核心的管理理念。ERP 系统借助信息技术，使企业的大量基础数据共享，以信息代替库存，最大限度地降低库存成本和风险，并借助计算机，查询和统计分析这些基础数据，提高决策的速度和准确率，体现了事先预测与计划、事中控制、事后统计与分析的管理思想。因此，ERP 系统能够更有效地提高人力资源、时间资源等的使用效率，解决信息泛滥的问题，提高决策的准确率。

2.供应链管理

SCM 是近年来在国内外逐渐受到重视的一种新的管理理念与模式。供应链是围绕核心企业，通过对信息流、物流、资金流等各种流的管理与控制，从原材料的供应开始，经过产品的制造、分配、运输、消费等一系列过程，将供应商、制造商、分销商、零售商直至最终用户连成一个整体的功能网链结构模式。SCM 是涉及供应链中所有相关的企业、部门和人员的集成化管理，包括物流的管理、信息流的管理、资金流的管理和服

务的管理。SCM 的目的在于围绕市场的需求，加强节点企业的竞争优势，最终提高整个供应链的整体竞争力，使每个节点企业获得最佳经济效益。

物流成本在制造型企业总成本中所占的份额是相当大的，运输与仓储的成本更是突出。然而，企业的物流成本的影响因素是极为复杂的。其一，企业的物流水平与企业的整体战略规划直接关联，如企业的生产和供应网络的总体布局。其二，它还受地区交通运输环境的制约，如交通网络和承载能力等。其三，企业有可能将物流配送业务外包给第三方机构。信息技术不仅能够提供企业现代化管理的硬件基础设施，而且能够提供用于企业现代化管理的各种信息和数据，用于指导企业科学地管理和决策。

3.客户关系管理

CRM 的定义有很多，目前还没有一致的看法。CRM 实质上是一种旨在改善企业与客户关系的新型管理工具，它通过对人力资源、业务流程与专业技术的有效整合，最终为企业涉及客户的各个领域提供完美的集成，使得企业以更低成本、更高效率满足客户需求，并与客户建立起基于学习型关系基础的营销模式，从而最大限度地提高客户满意度及忠诚度，挽回失去的客户，保留现有的客户，不断发展新的客户，发掘并牢牢把握住能给企业带来最大价值的客户群。CRM 不仅仅指技术，其更是一种管理理念，是一个经营过程，它是企业的核心，是企业成功的关键。CRM 其实是一个非常简单的概念——不同的客户不同对待，也就是通常所说的企业与客户进行"一对一"的营销模式。

传统的 CRM 就是企业的客户服务，一般通过电话服务、传真服务或信件服务进行。随着电子商务时代的到来，企业竞争日趋激烈，传统的产品竞争已经逐渐转化成客户竞争，CRM 也已经转向 E-CRM，即基于互联网的 CRM。在前端，E-CRM 能够提供统一的呼叫中心的功能，它结合了网页、电话、电子邮件、传真等与客户互动的功能，并提供个性化网页自动组合功能。在后端，E-CRM 能够提供客户消费行为追踪，以及专用于客户服务及客户营销的资料分析等功能，让企业能够达到"一对一"营销的目的。

4.办公自动化

企业信息化是一项集成技术，关键点在于信息的集成和共享，为使关键的、准确的数据及时地传输到相应的决策层，为企业的运作决策提供依据，以适应瞬息万变的市场变化。OA 是企业信息化的重要部分，实现对企业日常的科学管理，在提高企业管理水平的同时做到无纸化办公。

企业 OA 系统采用先进的计算机网络、软件技术，将企业各种现代化的办公设备与办公人员组成完整的"人-机"信息处理系统，用于处理各部门的办公业务，实现办公信息网上共享和交流，完成人与人之间、部门与部门之间的信息传递和文件批阅等诸多工作，协同完成各项事务，充分利用各种信息资源，提高办公效率和办公质量。

第三代 OA 是以知识管理为核心的办公自动化系统，它强调以知识管理为核心，能够提供丰富的学习功能与知识共享机制，确保每一个使用者都能随时随地根据需要向专家学习、学习企业现有知识，使员工在办公自动化系统中的地位从被动向主动转变，从而在提升每个员工创造能力的过程中，大大提高企业与机构的整体创新和应变能力。

5.电子商务

EC 是指政府、企业和个人利用现代电子计算机与网络技术实现商业交换和行政管理的全过程。它是一种基于互联网，以交易双方为主体、以银行电子支付和结算为手段、以客户数据为依托的全新商务模式。它的本质是建立一种全社会的"网络计算环境"或"数字化神经系统"，以实现信息资源在国民经济和大众生活中的全方位应用。

EC 技术可以利用覆盖全球的互联网连接无数企业的内部网络，甚至客户的家中，在买方、卖方和供应商之间架起了一座座桥梁，以先进的技术渗透于售前、订货、签订合同、生产、交货、支付，一直到安装和售后服务整个商务过程。EC 是指交易各方通过电子方式进行的商业交易，而不是传统意义上的当面交换或直接面谈方式进行的交易。先进的 EC 是一个以 Internet/Intranet 为网络架构、以交易双方为主体、以银行支付和结算为手段、以客户数据库为依托、以证书认证体制为安全交易机制的全新商业模式。与传统商业相比，EC 营销费用低、效率高，可以节约大量用于广告和促销方面的费用，减少许多烦琐的过程，改变企业的业务流程，大大提高企业的竞争力。信息化是 EC 发展的基础，其孕育了 EC，推动了 EC 的发展。企业 EC 的大部分工作在于企业基础管理的信息化。而 EC 的发展，又促进了企业信息化的深入进行。

6.呼叫中心

呼叫中心，也叫客户服务中心，是利用计算机与通信技术相结合的技术支持，由计算机辅助，通过以电话、上网、传真形式向客户提供咨询、投诉等服务的服务中心。当前许多大型组织或企业就是通过 CC 来管理用户拨入业务。

CC 具有图形用户接口、操作方式简单、提供业务种类丰富、服务专业化、智能性高、即时服务、实时显示用户信息等特点，是集语音技术、呼叫处理、计算机网络和数据库技术于一体的系统。它能够实现排队及自动呼叫分配、查号、话间插入、来话转接、代答、自动总机服务，以及留言、用户数据、计费管理、远端用户端话务台、辅助拨号、来话自动识别与显示、话务员夜间服务等多种功能，同时也可以作为制造业企业的公共信息服务中心。

7.产品数据管理

PDM 是在现代产品开发环境中成长和发展起来的一项管理数据的新技术，它是以产品数据的管理为核心，通过计算机网络和数据库技术，把企业生产过程中所有与产品相关的信息（包括开发计划、产品模型、工程图样、技术规范、工艺文件和数据代码等）和过程（包括设计、加工制造、计划调度、装备和检测等工作流程和过程处理程序）集成管理的技术。一个完善的 PDM 系统必须能够将各种功能领域众多的应用集成起来，并且要符合各种严格的要求。PDM 系统必须具备以下特点：

第一，能够有效、可控和自动地访问开发和生产的应用及过程，能便捷地访问有关的文件和数据；

第二，系统必须有控制访问的安全机制；

第三，系统必须具有良好的用户界面和便捷的机制来访问和处理数据；

第四，具有表达零部件、产品配置结构、相关文件和数据的能力；

第五，提供产品、零部件和有关文件的分类方法，以支持产品数据的寿命周期管理；

第六，能够支持不同地域的人员设计同一产品；

第七，支持相关修改；

第八，具有开放性。

（二）计算机辅助设计、加工和制造技术

1.CAD/CAM 技术

CAD 即计算机辅助设计（Computer Aided Design），一般认为 CAD 系统应包括的基本功能有：草图设计、零件设计、装配设计、复杂曲面设计、工程图样绘制、工程分析、真实感渲染、数据交换接口。CAM 即计算机辅助制造（Computer Aided Manufacturing），是指在产品生产制造过程中，采用计算机辅助技术完成从生产准备到产品制造的整个生产过程的活动，主要包括：工装设计、数控自动编程、生产作业计划、生产控制、质量控制等。

CAD/CAM 系统是由硬件和软件组成的。硬件主要是计算机及各种配套设备，广义上讲，还应当包括应用于数控加工的各种机械设备等。软件一般包括系统软件、支撑软

件和应用软件。

2.CAPP 技术

CAPP 即计算机辅助工艺设计（Computer Aided Process Planning），一般认为 CAPP 系统应该包括的基本功能有：毛坯设计、加工方法选择、工艺路线指定、工序设计、夹具设计。20 世纪 80 年代以来，随着制造技术向计算机集成制造系统、智能制造方向发展，对 CAD/CAPP/CAM 系统集成化的要求变得更高，CAPP 在 CAD/CAM 之间起到桥梁和纽带作用。在集成系统中，CAPP 必须能直接从 CAD 模型中获取零件的几何信息、特征信息、物性信息、材料信息、工艺信息等，以代替完全交互式的零件信息输入，CAPP 的输出则是 CAM 所需要的各种信息。

产品生产过程是从产品需求分析开始，经过产品结构设计、工艺设计、制造，最后变成可供用户使用的产品，具体包括产品结构设计、工艺设计、制造加工、装备、检验等过程。每一过程又划分为若干个阶段，如产品结构设计可分为任务规划、概念设计、结构设计和施工设计四个阶段；工艺设计可分为毛坯设计、定位形式确定、工艺路线设计、工艺设计、刀具、量具、夹具等设计阶段；加工、装备过程可划分为数字控制编程、加工过程仿真、数字控制加工、检验、装备、测试等阶段。计算机在产品生产过程中的不同阶段形成 CAD/CAPP/CAM 过程链，实现不同的辅助作用。产品设计阶段实现计算机辅助设计，即 CAD；工艺设计阶段实现计算机辅助工艺设计，即 CAPP；加工、装备阶段实现计算机辅助制造，即 CAM。CAD/CAPP/CAM 反映了计算机在产品生产过程中不同阶段、不同层次的应用。

第二节 现代企业经济管理信息化技术选择的原则与方法

一、现代企业经济管理信息化技术选择的原则

（一）竞争原则

竞争原则包括两个层面的含义，一是技术系统内部的竞争原则，从技术发展规律及发展动力机制的角度出发，说明技术选择应当符合技术自身的发展需要；二是指市场层面的竞争原则，从技术所具备的社会效益、经济效益的角度，说明技术选择应当满足的市场竞争要求。

1.技术系统内部的竞争原则

技术系统内部的竞争原则主要包含在技术选择中应当遵循的技术系统内部的内在规律，主要包括：

（1）产业内部的技术发展方向

每一个产业都有其自身独特的技术发展规律，技术选择的结果要符合当前产业内部技术发展的方向，符合技术发展的潮流。

（2）技术的不可替代原则

技术的不可替代的内涵就是指技术的先进性，先进性作为一个定性评价指标，如果定量评价的话会难以评估，而先进技术与非先进技术的一个最根本的外在表现就是相互替代的可逆性，一般而言，先进技术能够替代非先进技术，而非先进技术对于先进技术则不具有替代作用。

（3）新技术的入侵

技术创新具有剧烈的破坏性，新技术的入侵就是从这个角度出发，谨慎考虑产业外技术向产业内部的渗透，使得产业内部技术跨越研发环节，出现跨越式的技术高度突进与时间飞越。尤其对于区域外的新技术入侵的破坏性，应当在技术选择的过程中给予充分的重视。

2.市场竞争原则

产业生产的基础或者动力源泉来自产业技术的进步，而产业技术进步的一个必经环节就是技术选择。市场竞争原则本身是指一项技术如果要开发设计，甚至产业化运作，都必须充分考虑可能产生的成本与获得的收益，一般而言，技术作为产业参与市场竞争的核心内容，对企业产品带来的竞争力主要体现在两个方面：一是依靠技术含量提升价格，二是依靠技术创新降低成本。传统的技术选择理论在假定技术已有的条件下进行决策，这部分是主要依据。

（二）科学导向原则

科学研究是高新技术的母体，是科学发展的系统产物，其必须以坚实的科学基础为支撑。同时，科学的发展还在一定程度上决定了高新技术的发展速度，即科学的发展对技术变革的促进作用还体现为技术创新的加快。另外，科学的发展不仅仅来自人类认识自然的过程，还源于人类改造自然的过程，也就是说，高新技术的发展对科学具有促进作用，科学与高新技术是相辅相成的关系。

二、现代企业经济管理信息化技术选择的方法

（一）技术预测

科技政策或计划的制定，从原则上说，都是对未来一定时期内的科技活动的规范，以便达到预定的目标。要想科学且有成效地制定科技政策或计划，就必须依据规范对未来科技发展的方向、变化的趋势，以及可能遇到的机遇或危机做出恰当的预测，这就是科学技术预测，在管理科学中称作技术预测。

（二）技术预见

1.技术预见的定义

关于技术预见的定义，当前学术界有不同的解释。技术预见是在技术预测基础上发展起来的，也可以说技术预测是技术预见的前期工作，技术预测对应技术预见活动中的"趋势预测"环节，但还没有上升到技术预见理念中的"整体化预测"的高度。相较而言，技术预见有更加广泛的内涵，除了要考虑技术自身因素，还要系统地考虑经济与社

会需求、资源与环境制约等诸多因素，它实际上就是要将技术发展路径置身于一个大系统中进行多维度分析。

技术预见的核心就是充分理解在技术政策形成计划和决策中应该考虑的能够塑造长远未来的各种力量和因素。技术预见过程在实践中包括预见和选择两个紧密相关的环节。预见是为了把握方向，选择是为了保证重点。技术预见对于科技创新具有重要的意义和作用，它使科技创新符合时代发展规律，使科技创新的指向性更强，使创新的理论与实践有机结合，更具针对性和操作性。

可见，技术预见所倡导的基本理念，就是在对科学、技术、经济和社会在未来一段时间整体化预测的基础上，系统化地选择那些具有战略意义的研究领域、关键技术和通用技术。技术的未来走向和发展战略是由科学驱动、经济拉动和社会需求等因素决定的，它们既可以决定技术的发展走向和发展规模，又可以决定技术的发展周期和发展高度。技术预见本质上就是在充分考虑各种因素的促进和制约条件下确定一个国家或地区的技术发展战略，选择最有利于实现国家经济和社会长期发展目标的技术。

2.技术预见的特点及功能

技术预见与一般的技术预测相比，在目标、规模和方法上有所不同。其特点主要体现为战略性、参与者的广泛性和预见过程的重要性。与此同时，技术预见具有提供和交流信息、沟通思想、达成共识的功能。

战略性是技术预见产生的根源，前面已经明确指出了技术预见是战略性技术预测发展的结果。它不只是对已有技术发展趋势的外推，更强调对未来可能出现的技术突破、技术发展方向、在竞争环境中潜在的机会和挑战等的预见。技术预见的规模，即参与者的广泛性。由于技术预见的战略性和决策导向性，预见中必然要反映参与者的观点和思想。同时，还要考虑社会多因素的影响和多方面的需求，才能获得各部门都能接受的结果。技术预见应具有很强的信息提供和交流能力。技术预见不仅仅是以其结果来提供信息，更是在整个过程中向参与者和外界提供信息，因此它强调的是过程，而不是结果。

第三节 现代企业经济管理信息化技术的度量方法

一、平衡计分卡方法

（一）平衡计分卡的内容

平衡计分卡包括四个方面的内容：财务、顾客、内部业务流程、学习与成长。它是一种综合绩效评价体系，一方面强调对财务业绩指标的考核，另一方面注重对非财务业绩的评价。根据企业不同阶段的实际情况和采取的战略，设计适当的评价指标，赋予不同的权重，形成一套完整的业绩评价指标体系。

（二）平衡计分卡的原理

平衡计分卡体现了以财务、客户、内部业务流程、学习与成长为核心的思想。以财务为核心，就是在绩效评价过程中，要从股东的立场出发，树立企业只有满足股东的期望，才能取得企业生存发展所需要的资本的观念；以客户为核心，就是要体现出企业真正的利润中心是顾客的思想；而企业对外提供产品的质量，完全取决于企业内部价值链的各个环节是否真正创造了价值；以学习与成长为核心，就是要求企业重视员工能力的发挥，将员工知识转化为企业知识，使企业成为学习型组织，从而使企业具有长远发展的潜力。

平衡计分卡的平衡思想体现在几个方面：第一，企业长期目标与短期目标之间的平衡；第二，外部（顾客、股东）衡量和内部衡量之间的平衡；第三，领先与滞后指标之间的平衡；第四，成果（利润、市场占有率等）与成果执行动因（新产品开发投资、员工训练等）之间的平衡。

（三）平衡计分卡的实施过程

第一，确定战略远景，包括澄清远景，取得一致。
第二，沟通和链接，包括确定目标、绩效和激励挂钩。

第三，规划并设定指标，包括设定指标、制订行动计划、分配资源、设定里程碑。

第四，反馈和学习，包括信息反馈、战略评审和学习。

（四）平衡计分卡所需指标

1.财务评价指标

反映盈利能力的指标：利润、投资报酬率、经济附加值、主营业务利润率、成本费用利润率。

反映营运效率的指标：总资产周转率、经营性周转率、流动资产周转率、存货周转率、应收账款率。

反映偿债能力的指标：流动比率、速动比率、现金比率、资产负债率。

反映发展能力的指标：销售增长率、三年利润平均增长率、总资产增长率、资本累积率。

2.客户方面指标

客户是企业非常重要的资产，与有价值的客户保持长期稳定的关系是企业获得持续竞争优势的关键。市场份额反映了企业在出售产品的市场上所占的业务比例。

客户保持率。对于高新技术企业来说，要达到一定的市场份额，留住老客户就很重要，因为开发一个新客户比留住一个老客户要费力得多。

客户满意程度。反映了企业质量控制和交货业绩，能从客户抱怨数、准时交货率、售后服务等方面评价。

客户获利能力。企业不仅要评价同客户做成的交易量，还要评价这种交易是否有利可图。特别在特定的客户群体中，能否长期获利应成为决定保留或排除客户的关键。

3.内部业务流程评价指标

创新过程评价指标。由于创新过程中投入和产出间的关系弱于制造过程中的投入和产出关系，因此在评价创新业绩时有一定的难度，可用时间周期、成本和品质三个关键指标来评价创新过程。

创新能力评价指标。高新技术企业研发与创新能力评价指标可分为两大类，一是技术创新投入指标，二是技术创新能力指标。

4.经营过程评价

经营过程的时间指标：可分为生产过程时间、检查时间、搬运时间、等候或贮存时间，其中生产过程时间为增加价值的时间，后三种为不增加价值的时间。

经营过程的质量指标：每百万个零件中的次品率、成品率、一次性产出合格率、返工率、退货率等。

经营过程成本指标：以作业成本计量经营过程的成本。

5.员工能力评价

员工能力评价指标：员工满意程度、员工意见采纳百分比、员工的劳动生产率、员工的培训和提升、员工素质等。

二、作业成本法

作业成本法（Activity-Based Costing，ABC），是一种基于活动的成本核算方法，不同于传统的成本核算方法，它主张以活动量或事务量为基础来分配大多数间接成本，并识别"成本驱动因素"，因此可以得出正确的成本信息。

正如全面质量管理应该包括设计、制造、辅助、使用等全过程的管理一样，对其进行成本控制的对象也应包括产品从开始酝酿，经过论证、研究、设计、发展、生产、使用一直到最后报废的整个生命周期内所耗费的研究费用、设计与发展费用、生产费用、使用和保障费用及最后废弃费用的综合，即产品生命周期成本包括设计成本、制造成本、销售成本、维修成本、使用成本和回收报废成本。在全面质量管理中加强成本控制，就是将作业成本法应用于产品设计、生产制造、销售使用的全过程，寻求在一定质量水平下的成本节约。

作业成本控制对作业的执行及其完成实际耗费了多少资源（这些资源的耗费对提供给顾客的产品或劳务的价值做出了多大贡献）这些问题进行及时的动态分析，可以提供有效的信息，提高作业完成的效率和质量水平，从所有环节上减少浪费并尽可能降低资源消耗。

（一）设计过程的作业成本控制

产品设计过程的作业成本控制，不仅指应用作业成本法准确计量设计成本（包括可行性研究、市场调查、图纸设计、产品试验、修改设计、准备技术说明书等所花费的费用），还要进行成本设计。

虽然产品成本主要发生在生产制造阶段，产品材料成本主要在这一阶段形成，但一个被普遍认同的看法是：产品成本的80％是约束性成本，并且在产品设计阶段就已经确定了。成本是由作业引起的，一项作业的必要性如何，要追踪到产品的设计环节，正是产品的设计环节，决定了产品生产的作业组织和每项作业预期的资源消耗水平，以及通过作业的逐步积累所能取得的顾客愿意支付的代价（企业收入），所以要大幅度地节约和变更成本，首先要抓设计阶段。在产品开发设计阶段，一是要进行产品功能设计，二是要通过面向过程的成本观来分析企业开发设计的合理性和完善性，从而进行成本设计，即以产品功能为对象，在一定的市场环境和条件下，运用技术经济方法确定目标成本，这一过程的目的主要是控制产品制造成本和使用成本，在功能和成本两者之间有效设计，配合功能优化，引导和优化产品开发设计。

成本设计要从产品目标成本开始，即在开发设计阶段，设定产品在一定条件下特定功能的合理成本。影响产品目标成本的因素主要有四个：产品功能、用户的价格要求、企业资源能力及利润要求。

成本设计是一项复杂而有序的作业活动，其具体程序如下：

第一，建立作业层次；

第二，识别全部必需的成本动因消耗比率并排序；

第三，识别成本动因与参数变动之间的关系；

第四，发现并使消耗作业的成本最小化，选择最佳的设计方案；

第五，判断设计是否满足需求，如果不满足就重复以上步骤。

在成本设计中实施作业成本控制，就是运用作业成本法，明确达到顾客满意所消耗的全部作业，从而设定其成本目标，控制产品制造成本和使用成本，使成本目标在产品设计阶段得以充分落实。

（二）生产过程的作业成本控制

一旦经营者确定并完成了产品及工序设计，企业的目标就转向使用最有效的方法从事生产经营。生产这一阶段的成本主要是制造成本，包括材料、加工工时、劳动工时、半成品运输、存放以及装配、调试、检验、修复等各种费用。其成本控制是通过改进成本计算进行的，它集中于生产过程，即对现有产品及工序设计实施进一步的改进，而不是产品本身。作业成本法的出现就是为了解决生产阶段大量的间接费用分配造成的成本失真问题，其主要的方法是直接费用直接归属到产品中，然后通过划分作业中心选择作业动因，再将间接费用分配到产品上去。作业成本法通过以下步骤达到控制成本的目的：

第一，列出生产步骤，明确每一个作业，确定每一个作业的成本，根据企业各个作业活动在价值增值中的不同作用，将其细分为直接增值作业活动、辅助增值作业活动和非增值作业活动。对于直接增值作业活动，在保持其增值效果不降低的前提下，尽可能提高运行效率，减少资源耗费与占用；对于辅助增值作业活动，在维持其辅助作用不变的情况下，尽可能减少资源占用；对于非增值作业活动，应尽可能减少和清除。

第二，明确改进的可能性（改进指工程再造，以消除生产过程对无附加价值作业的需求，以及持续改进，提高有附加价值作业的绩效），确定改进的重点。

第三，为工程再造提供必需的财务依据（或商业计划），这些依据或计划应能证明工程再造是必要的。

第四，明确为削减成本做的工作，做出必要的变更。

第五，重新计算收入，并与成本配比。

（三）其他过程的作业成本控制

全面质量管理中其他过程的作业成本控制包括对营销成本、维修成本、使用成本等的控制：营销成本包括产品包装、运输、储存及广告等费用；维修成本是在使用期限内，为维护设备而修理或更换零件所需的费用；使用成本是用户使用机器设备期间，需要支付的人力消耗、动力消耗及维修保养等的费用。在这些过程中实施作业成本控制，其基本思路同生产过程的成本控制一样，都是用作业成本法准确计量成本，进而优化作业链，达到降低成本的目的。

尽管以上方法存在很多明显的优点，但它们的缺点却也像它们的优点一样突出。这些方法最大的缺陷在于它们都还存在很多不成熟的地方，如作业成本法体系尚未完全建立，而且对于关键成本驱动因素的分析依然是一项非常困难的工作。在实际的操作中，企业还不能正确地分解活动、分析其成本行为，建立一套完整的战略成本系统。因此，很多企业还不得不依靠传统的成本/效益分析法对 IT 做出评估。

第六章 现代企业经济管理信息化的驱动分析

第一节 现代企业经济管理信息化的驱动因素

一、关于信息化驱动因素研究的局限性

现代企业信息化是涉及现代企业技术创新和管理创新的创新行为，因而其具有一般创新理论的大多数特征，主要体现在以下几方面：

第一，现有的研究成果多数集中于对现代企业信息化的绩效评价方面，虽然很多学者从不同的角度对影响现代企业信息化发展的因素进行了研究和归纳，但这些因素大都与现代企业信息化的实施或绩效有着较为密切的联系，对现代企业信息化的驱动因素及其作用机制的研究较少。

第二，现有的对现代企业信息化影响因素的研究主要采用"建立评价指标体系、量纲和权重处理、数据收集、采用计量模型或软件分析"的思路，但这种演绎研究的模式往往因为指标构建的科学性、评价模型的确定性、统计方法的局限性，以及数据的效度及信度等因素的制约，有可能出现以结果替代原因的错误。

第三，由于不同的学者在构建自己的指标体系时都是基于自己的研究目标及关注的方向，研究和梳理文献时也难免会受主观影响，因此容易造成众多学者选择的指标具有较大的差异，导致研究结论各不相同。

二、现代企业经济管理信息化驱动因素的基本研究

（一）扎根理论的适用性

扎根理论研究方法是运用系统化的程序，通过系统收集和分析资料的研究过程，针对某一现象发展并归纳式地引导出扎根理论的一种质性研究方法。自扎根理论开创以来，它就被认为是当今社会科学中最有影响的研究范式，走在质化研究的最前沿，被广泛用于社会学、管理学、教育学、哲学等多个学科领域。扎根理论的提出主要是为了"填平理论研究与经验研究之间尴尬的鸿沟"，其不仅强调系统地收集和分析经验事实，而且注重在经验事实中抽象出理论，从而较好地处理理论与经验之间的关系。换言之，扎根理论研究的核心就是发展或生成一个理论来解释所研究的现象及其背景，其宗旨是在经验资料的基础上建立理论，是一种从下往上建立实质理论的方法，即在系统性收集资料的基础上，寻找反映社会现象本质的核心概念，然后通过这些概念之间的联系建构相关的社会理论。扎根理论一定要有经验证据的支持，但是它的主要特点不在其经验性，而在于它从经验事实中抽象出了新的概念和思想。在哲学思想上，扎根理论方法基于后实证主义的范式，强调对已经建构的理论进行证伪。

由于扎根理论强调理论来自原始资料，其无前提假设性，重视对现有资料和文献的学习，以及与实践的反复比较和归纳等特点，因此，扎根理论适用于本书的研究，并为发现企业实施信息化的关键驱动要素及作用机制提供了一种有效的途径。

（二）现代企业信息化驱动因素的扎根分析过程

1.原始数据收集

扎根理论的数据收集方法与其他质性研究没有显著区别，运用在质性研究中应用最为广泛的深度访谈法进行原始数据收集。访谈法形式比较灵活，便于根据实际情况进行追问，其面对面的访问方式能有效提高结果数据的信度和效度。

2.数据登录过程

扎根理论使用编码技术整理访谈信息。待资料收集完毕后，需要对访谈资料逐字逐句地分解，以提取研究者感兴趣且在研究情境中重要、突出、屡次出现的现象，并对这些资料进行意义解释，而实现这种意义解释的工作主要通过登录来完成。

（1）开放性编码

开放性编码，即一级编码，是对资料内容逐字逐行进行分解并加以标签的过程，这种"译码"的过程是为了将相关的概念聚拢成一类，称为类属或范畴，之后再进行概念化和范畴化，将原始资料打散再重新组合。开放式登陆的目的是从资料中赋予概念、界定范畴、指认现象，也就是处理聚敛问题。

（2）主轴编码

主轴编码主要是对类属进行关联分析，发现和建立类属之间的各种关系，进一步发掘类属的含义，这些关系可能包括：时间先后关系、因果关系、情境联系、语义联系、相似关系、差异关系、类型与结构关系、战略计划的联系、流程上的联系、职能上的联系等。主轴是指研究者需要每次只对一个类属进行深度比较和分析，并围绕该主线索寻找相关关系，进行整体构建。

通过参考目前在主轴编码中应用广泛的编码范式，并对开放性编码进一步挖掘，得到具体的归类有：将"市场竞争秩序""商业环境"归并，形成"市场环境"主范畴；将"市场需求""潜在的市场及顾客""市场前景良好""客户的需求"等并入"客户"主范畴；将"市场竞争程度""竞争对手的挑战"等并入"竞争对手"上范畴；将"信息共享协同"并入"供应商"主范畴；将"信息化政策""电子政务""各种标准、公共资源的建立"等并入"政府"主范畴；将"基础设施技术升级""学习或应用成本下降""软件工程技术升级"并入"技术"主范畴；将"电信基础设施"并入"电信运营商"主范畴；将"服务商规模的扩大""服务质量的提升"并入"信息化服务商"主范畴；将"第三方机构""社会服务"并入"第三方机构和社会服务平台"主范畴；将"战略"并入"企业战略"主范畴；将"客户管理""市场与营销（销售）需要""内部管理与竞争力需要""信息化人力资源""组织结构""运营能力提升""创新的需要"并入"企业内部应用与发展"主范畴。

（3）轴心编码

轴心编码是在开放性编码和主轴编码之后，经过系统分析在所有已发现的类属中选择一个"核心类属"，即将所有的子范畴、主要范畴聚合成核心范畴。核心范畴具有统领性，能够形成一个较为宽泛的理论范畴。轴心编码的过程是一种严格的抽象和归纳过程，如某个子范畴与核心范畴关联得不够紧密，也可以剔除该子范畴。

（三）扎根研究的结果

通过扎根研究方法，可以明确驱动现代企业信息化建设的关键要素主要集中为"市场因素""环境因素""企业自我因素"三种因素类型。其中，"市场因素"和"环境因素"属于现代企业的外部影响因素，是现代企业难以掌控的相对客观的因素，其按照固有的规律对现代企业发挥着一定的影响和作用；而"企业自我因素"这一核心范畴属于现代企业的内部因素，是现代企业信息化驱动的微观要素和行为主体，因此，其对现代企业的信息化驱动有着更为直接的影响。

三、现代企业经济管理信息化驱动因素的作用

（一）企业自我因素驱动作用分析

1.战略因素驱动作用分析

企业战略是指企业在环境分析的基础上对组织做出的统领性、全局性、长远性发展规划。从 20 世纪 50 年代开始，西方的企业就开始认识到企业长期规划与企业战略的重要性，如今，我国企业也已经看到了战略的重要价值。对于重视规划与发展的企业来说，战略是重要而必备的。企业通过制定战略，能够优化配置自身的资源并选择适合的经营方向，形成自己的独特竞争力，并在竞争中获得胜利。随着世界经济的快速发展，企业对于自身战略的制定要求越来越高。

目前，随着信息化的推进和信息化应用的普及，国内不少企业都投入信息化建设中。但不少企业在信息化应用和开发中，遇到了不同程度的困难和障碍，导致企业信息化项目没有取得预期的效果，甚至成为企业的包袱。造成这一现象的原因很多，其中最为重要的就是企业在信息化项目实施之前缺乏科学的战略规划。

信息化战略作为企业战略的一个有机组成部分，是根据企业自身特点对信息化项目的全局分析，是对企业信息化建设的重要部署。从长期战略的角度来看，企业信息化应该作为企业发展的"倍增器"来看待。企业在战略制定中确定了企业信息化的目标和建设步骤，这是企业自发地要求自身强化信息化建设，企业看重的是信息化建设的深远意义。

2.应用因素驱动作用分析

企业内部信息化的应用是分阶段、分层次的，这一观点已经被广泛接受。关于企业信息化发展阶段的问题，许多专家和学者做了研究和描述，这是对企业实施信息化实践的总结。

西方学者西诺特曾经在著名的"诺兰模型"的基础上提出了一个新的理论模型，他认为企业信息化的发展主要分为四个阶段。西诺特着重考虑了信息随着时间而变化的因素，他认为第一个阶段是计算机处理较为原始的数据阶段；第二个阶段是企业使用计算机将数据存储到数据库的阶段；第三个阶段是企业将信息作为一种经营的资源；第四个阶段是企业将信息资源转化为信息武器，利用信息武器获取竞争优势。西诺特在他的理论中还明确提到，随着计算机对信息的处理方式的发展，企业内部的首席信息官也会越来越受到关注。

在后续针对企业信息化发展阶段的研究中，比较突出的还有芬卡特拉曼的理论研究成果。在大量的观察和实践的基础之上，芬卡特拉曼通过深入分析，提出了他的一套企业信息化发展阶段的理论，即"IT引导企业转变的五个阶段"，分别是：

（1）局部应用阶段

在这一发展阶段，企业组织内部的不同部门单独使用计算机，辅助简单的数据处理或生产工作，在这一过程中，各个部门的信息应用是完全分离的，相互没有联系，互相隔离。比如使用计算机进行会计核算、库存管理等，都是局部应用IT的典型例子。

（2）内部集成阶段

企业开始认识到局部应用形成了企业内部的信息孤岛，造成了很多数据的重复录入，同时，跨部门调用信息和数据非常繁复。于是，企业开始整合不同部门的信息应用，即进入了信息化应用的内部集成阶段。

（3）流程重新设计阶段

从第三个阶段开始，企业内部信息化应用出现了更大的变化，芬卡特拉曼把第一个阶段和第二个阶段称为"演进性的"，而第三个阶段之后的信息化阶段被其称为"革命性的"。第三个阶段指企业通过IT转变企业内部的工作流程，而非直接将IT用于原有的流程之中。

（4）经营网络重新设计阶段

第三个阶段是企业在内部为了使用IT而对自身的某些工作流程进行调整，而第四个阶段则是企业在整个供应链的层面上，通过与其他企业合作重新设计工作运营的流程，这种改动更加彻底，同样也更能带来效益的提升。

（5）经营范围重新设计阶段

在这一阶段，企业通过运用 IT 开发企业经营业务的范围，比如开拓新市场，提供新产品或新服务给原有的市场。

在企业信息化应用分阶段的理论基础上，芬卡特拉曼还提出企业会自然地从第一个阶段发展到第二个阶段，这是一种进化型的阶段演进，往往是企业在引入 IT 一段时间后，就会自然地从第一个阶段向第二个阶段转变；但他同时也强调第一个阶段和第二个阶段的信息化应用虽然能够获得一定的信息化效益，但在一般的情况下，企业还不能充分发挥 IT 的效能；后三个阶段在性质上与之前的阶段有所不同，它们是属于革命性的，在这三个阶段里，企业不是在原有的基础上直接应用 IT，而是进一步通过 IT 革命性地改造企业的运营与工作方式，进而建设适合新的管理方式和运营方式的 IT。

通过分析芬卡特拉曼的企业信息化应用的分阶段理论，可以看出企业对于信息化的应用需求是会随着企业的发展及信息技术的发展而不断发展变化的，同时企业的信息化应用也在不断深入。企业信息化应用的类型更加复杂，应用的程度更加深入，这中间的每一种转变都是在企业内生的信息化改进的驱动力量之下实现的。所以，在企业自我因素驱动信息化建设的机制中，对信息化应用的需要也是来自企业自我因素的一种重要的驱动因素。

企业信息化的应用因素驱动机制，也是源于企业自发的一种驱动力量。这种驱动力量的发挥，一部分是在企业使用信息技术的过程中，自然而然地取得进步所获得的，比如芬卡特拉曼所提到的企业信息化应用从第一个阶段到第二个阶段的发展就是此类；还有一种是企业认识到更高层次的信息化应用会给企业带来革命性的收益，自觉自发地开始提升和改进信息技术，比如芬卡特拉曼提到的从第二个阶段到第三个阶段，或从第三个阶段到第四个阶段，以及从第四个阶段到第五个阶段，都属于这种情况。

在企业信息化的应用因素驱动机制中，虽然企业在很多时候有这种自发的、良好的改进信息技术的愿望，但由于信息化实施和改进的工程往往需要众多的资源支持，所以很多企业在困难和限制之下，还是很难由动机转化形成具体的行为。这时，政府部门若能够适时地提供一些便利条件或资源扶持，将极大地推进企业的信息化建设。

（二）市场因素驱动作用分析

1.客户因素驱动作用分析

客户是指那些通过购买企业的产品或服务满足自身需要的群体，也就是指那些与企业有着直接经济关系的个人或企业。客户是企业所处环境中对企业产生影响的特殊因素之一，其能够对企业目标的实现产生直接的影响。企业之所以能够生存，正是因为客户的存在，因此，客户对企业各个方面均产生着重大的影响。客户对企业的影响主要可以归结为以下两个方面：

（1）客户是企业利润的主要来源

即一个企业如果能够把客户流失率降低5%，其利润一般可以增加25%～85%，由此可见客户在企业利润来源中的作用。除了特殊的垄断型企业，大部分企业的收益水平基本受控于客户的需求。

（2）客户是企业学习和创新的重要资源

因为根据客户所持有的观点，企业可以判断何时不能再满足其作为客户的要求，所以，从这一方面来说，客户也是企业更新产品或技术的催化器，可以帮助企业不断学习和进步，使企业能够保持竞争的优势和良性的发展。

毋庸置疑，客户是企业利润的来源，能否满足客户的需要，是企业成败的关键。在现代的激烈竞争环境下，满足客户的需要，适应客户的要求，是任何企业取得竞争胜利的关键。

2.供应商因素驱动作用分析

企业的供应商指的是向企业提供各种所需资源的人或单位，这里所提到的"资源"有着较为广泛的含义，它不仅仅包括原材料、人力、资金，还包括技术、服务、信息等。对于大多企业来说，股东和金融部门是其资金的主要供应者，人才市场、劳动人事部门、学校毕业生就业部门、各类人员培训机构、职业介绍所是其人力资源的供应者，各类情报信息中心、各种媒体资讯行业、新闻机构等是其信息的主要供应者，而各类科研机构、大专院校等是其技术的主要来源。由于企业在其运作的每一个环节中都会紧密依赖于各类资源的持续供应，如果主要的资源供应者发生问题，就会影响整个企业的运作。因此，为了避免这种风险的出现，企业管理者就必须对供应商的情况有比较全面的了解和比较系统的分析。

在企业信息化驱动机制的外部驱动因素中所提到的供应商因素，主要指的是在企业生存的供应链中处于企业上游的供应商，这些供应商可能是个人或是企业，但以企业为主。企业重视供应商，主要有三个目的：一是确定在何种条件下哪些资源需要从供应商处采购；二是为了确定何种供应商是优质的合作伙伴，可以长期合作和加以信任；三是如何与优质的供应商建立长期互利的合作关系。

3.竞争对手因素驱动作用分析

在不同信息化层次上，企业信息化受竞争对手的驱动作用是不一样的。一般而言，在信息化基础设施层次中，企业信息化对企业最终产品和服务市场竞争力的推动作用较小且不直观，通常不会引起竞争对手太多的注意；而在企业业务与管理层次中，由于其比较容易被竞争对手感知，因而对企业整体竞争力的推动和影响也相对明显。

（三）环境因素驱动作用分析

1.技术因素驱动作用分析

信息技术对企业信息化的推动作用主要表现在以下几个方面：

（1）信息技术使企业降低成本

技术的发展与进步会摊薄成本，使得产品和服务的价格下降。技术的进步使得在生产相同数量和质量的产品和服务下，消耗的资源减少，成本降低，因此其价格也随之下降。通信技术的发展使得企业接入互联网的速度不断提升。软件开发技术的发展使得软件开发变得更便捷，成本下降，产品售价也得以下降，这些都说明了信息技术在推动企业信息化发展方面所起的作用。总之，互联网的速度提升、软件开发技术的成熟、软件开发周期的缩短和成本的下降，都足以说明信息技术的作用。

（2）技术的进步使得信息化产品体系更全面，服务更深入

技术的发展实现了以前实现不了的功能，拓展了服务范围，深化了企业对信息化的应用程度。数据仓库技术的发展，使得人们在同样的数据资源条件下，可以对原有数据进行更多深层次的加工与挖掘。人工智能技术的发展使得计算机可以模拟人的智能进行复杂的计算，取代部分人工。而服务导向架构技术的发展使得信息化产品可以满足更多的企业组织与业务模式的变化，大大增强信息化产品的适应性。压缩技术的发展使得在相同的资源条件下，可以传送更大容量的信息，从而推动视频技术的应用与推广。

（3）技术的进步促进了人们对信息化产品认识的提升

技术的进步带给人们的最大好处就是大大提升了信息化决策者对信息化作用的认识，加大了企业实施信息化的决心。技术的不断进步也吸引了人们的关注，从而提升了

信息化人力资源的信息化素质，提高了企业实施信息化成功的概率，也使得企业信息化得以更好地为企业经营、管理决策服务。

技术进步对企业信息化的驱动作用是宏观的、间接的，使人很难独立观察到。其往往通过改善过的产品和服务表现出来。人们选择一种产品和服务时就选择了相应的技术，不断变化和优化的技术促进了人们购买产品和服务动机的产生。这就是技术对企业信息化作用力的驱动机制。

由于技术进步对企业信息化推动作用的间接性加上技术本身的通用性，这种推动作用在行业、规模、企业发展阶段、地域等属性上没有明显的特征。在企业信息化层次上，不同层次上的内容差异、技术需求本身的差异，决定了其存在不同的特征。

企业信息化是一个动态发展的过程，从作用时间分析来看，在短期与长期里，技术进步对企业信息化的推动作用是不一样的。这里的不一样表现在作用力大小、实际表现可感知程度两个方面。

一般来说，从长期来看，信息技术的进步对企业信息化的推动作用要大于短期，而且长期更能被感知到。例如，在信息化的管理应用上，从短期来看，技术进步对企业信息化的推动作用是较小且不直观的；而从长期来看，软件工程技术的进步、产品开发技术的进步与其他通信技术都是推动这个层面的信息化的重要力量。

2.政府因素驱动作用分析

为了促进我国企业信息化的发展，政府通常会利用一些政策手段来引导、促进企业信息化的发展。这些手段通常包括：

（1）导向性政策

导向性政策是各级政府在宏观经济工作中的政策性文件规定，它提出了政策在企业信息化工作中的总体原则和工作重点，是各级政府进一步制定细化政策的依据。导向性政策本身并不直接产生可操作的政策性措施，需要被进一步分解和落实。导向性政策是指导企业信息化在全盘经济工作中的位置及如何开展企业信息化的策略的一种纲领性文件。

（2）财政政策

财政政策是指国家根据宏观经济政策的要求，为达到一定目标而制定的指导财政工作的基本方针和准则。直接的财政政策对潜在的企业信息化需求是一种最有力的激发手段，特别是对于那些由于资金、实力不足而压抑的企业信息化需求更是如此。

（3）税收政策

税收政策是指国家通过对重点项目、符合政策导向的中小型企业信息化项目，在税收上给予企业优惠的一种措施。政府对于企业实施信息化的驱动是十分有力和有效的。正基于此，政府应该在促进企业信息化的良性快速发展方面扮演好自己的角色，发挥积极的作用。

第二节 现代企业经济管理信息化的驱动机制

一、驱动机制类型

在实际运营中，现代企业往往不是出于某一因素而考虑信息化建设，而且信息化建设也不仅仅是为了获得效率、效益或竞争优势，同时还可能出于组织的创新意识或者出于不断利用环境中的新技术、新知识以适应环境变化的一种组织文化；出于某些群体的目标，如满足不断提高的客户需求、协调分散在组织中的各个小组、严格控制人事和消费等；出于政府环境、竞争对手、成本等环境因素的变化。

因此，根据动力的性质可以把企业信息化的驱动力分为内部驱动力和外部驱动力两种，内部驱动力是指企业自发地通过实施企业信息化获得绩效提高，绩效提高又进一步对企业信息化行为产生影响；外部驱动力是指来自企业外部的相关因素对企业信息化行为产生的影响力，是企业无法控制的。因此，企业信息化作用机制不宜按照信息化驱动因素的种类直接划分。基于上述认识及分析，并结合企业信息化驱动机制的动力分类，可以将企业信息化的驱动机制划分成如下两大类：

（一）推力主导作用机制

综合各种外部驱动因素对企业信息化的驱动作用，现代企业外部对企业信息化的推力驱动作用大致分为环境驱动作用、政府驱动作用、技术驱动作用、客户驱动作用和供应链驱动作用。

（二）拉力主导作用机制

综合各种企业信息化自发进行信息化建设的内部因素，企业自身对企业信息化的拉力驱动作用大致分为管理一体化驱动作用、战略驱动作用、业务流程重组与企业信息化双向驱动作用。

二、推力驱动作用

（一）推力驱动概述

企业信息化环境是关于信息、利用信息的主体、信息技术，以及信息化法规的集合，包括企业信息化外部环境和内部环境两个部分，同时企业信息化活动与之密切相关，信息化环境对信息化建设有着直接、紧密、重要的作用。

企业信息化中的外部环境是相对于内部环境而言的，相对于某些企业，企业信息化中的内部环境，是对企业信息化有重要影响并发生在企业内部的环境的子集。企业实施信息化及保证信息化成功都是建立在良性的信息化内部环境的基础之上的。企业信息化的外部环境也是对于特定的企业而言的，但它是发生在企业外部且不由或者不完全由企业控制却对企业信息化有影响的众多因素的综合。企业信息化外部环境主要包括国家规定的信息法规制度、当前信息化水平、行业环境以及软件咨询商和供应商等外部资源条件等。企业信息化外部环境对企业进行信息化有重要影响。宏观环境、行业、竞争对手等都是驱动企业信息化必不可少的环境因素。现代企业面临宏观环境改变带来的机遇或威胁，只有将先进的技术融入企业的生产和管理，才能抓住机遇或者挑战威胁，而且企业面对的行业标准要求和行业内部的竞争动向也驱使企业考虑其是否需要信息化。

（二）推力驱动作用分类

1.环境驱动模式

环境驱动模式是指企业依据面临的新竞争环境、行业环境而制定、执行信息化战略的信息化驱动模式。在成熟的市场经济体系中，企业会因激烈的竞争环境而产生强烈的生存意识和发展意识，从而促使企业密切关注市场、竞争同行和创新技术的最新发展动态，并积极主动地探索新技术应用的前景和可行性。其中，最为典型的驱动因素有：企业经营环境的变化、企业所处行业环境的变化、企业主要竞争对手的信息化行为，并将企业受到其中一个或多个因素影响而实施信息化的行为也归入本模式。

（1）经营环境的变化驱动企业实施信息化

一方面，国内经济已从短缺经济向剩余经济、从卖方市场向买方市场转变；另一方面，受全球经济一体化的影响，处在中国市场经济机制下远未完善的大市场的竞争空前激烈，使现代企业面临重重危机。现代企业意识到只有接受新观念、发展新技术、运用新战略，在辨识顾客需求和面对商业挑战时，要能做出及时和恰当的反应，才能化解危机。因此，现代企业的必然选择就是通过信息化创新管理模式。

大量企业案例表明，能够同时综合实施多种竞争战略，为现代企业赢得多方面的竞争优势，是信息化的最大优势。一般地，在传统竞争环境中，企业容易陷入一种两难的困境：通过扩大产量形成规模效应来降低成本，但是这样却无法充分考虑客户需求的差异性；若满足客户需求的差异性，就往往不能形成规模效应（尤其对刚性制造系统而言）。传统企业还需解决如何与客户及时沟通等难题，而在信息化比较成功的企业中，就不会存在这样的问题。

（2）特定的行业环境发生变化驱动企业实施信息化

第一，从行业竞争态势看，高竞争性行业的市场化程度较高，外在环境的动态性和不确定性要求现代企业（特别是消费品制造行业）具有快速反应能力，现代企业要凭借自身管理体系的建设实现可持续发展。此时，现代企业对信息化就有较高的内在需求。

第二，从行业发展所依存的战略资源看，行业可分为劳动密集型行业、自然资源密集型行业、资本密集型行业、信息密集型行业与知识密集型行业，其中信息密集型行业（多集中在服务业，如金融、物流、零售等行业）对信息系统、信息资源和网络平台的依赖度非常高，信息化平台已经成为现代企业的发展命脉。

第三，从行业集中度看，在集中度高的行业中，领先企业规模较大、管理控制体系比较完善，对信息系统建设和应用比较成熟，从而可以有效解决规模扩大所致的实时运营和高效管理需求的问题。

第四，从行业内部企业信息化实施的发展模式看，成功的信息化战略会成为其他企业效仿的对象，从而形成行业内部的"雁阵式"驱动，可以有效推动现代企业信息化建设。

（3）竞争对手在信息化建设方面的举动驱动现代企业建设自身信息化

现代企业的决策容易受到同行业内两个或多个竞争企业决策的影响。一旦竞争对手实施信息化战略并形成差异化优势时，另外一家或多家企业必然投资实施相应甚至更为先进的信息化战略，而且在信息化建设的决策方面，竞争对手之间存在着多轮博弈：如果只有一方建设信息化，那么该方的行为肯定会促使竞争对手投资信息化，而竞争对手的行为又会反过来迫使该方开展新的信息化投资。

2.政府驱动模式

政府驱动模式是现代企业在政府政策、资金、基础设施的支持下进行信息化战略的企业信息化行为。政府政策是推动现代企业信息化发展的一个重要因素，在国内市场经济发育还不成熟的环境中，企业信息化的跨越式发展离不开政府的推动。发展信息基础设施、支持企业信息化共性关键技术的研发、制定法律法规、投资和税收政策调节，以及推进试点、示范工程等措施都属于政府政策的内容，通过实施这些措施，为现代企业信息化创造良好的外部环境，引导信息化建设的方向、速度及质量。大量企业案例表明，部分国有企业及一些资金不足、信息化基础设施落后的中小型企业就是依靠政府推动进行信息化建设的。

3.技术驱动模式

网络技术的发展及通信技术的融合都是围绕企业内外部网、电子商务展开的。信息集成共享平台系统应用的深入，拓展了企业信息化的界限，同时也使企业信息化的本质和内涵得到了扩展。具体分析如下：

第一，由于信息技术的进步，企业信息化所依赖的信息技术投资成本降低（如半导体芯片、计算机、通信设备等硬件产品价格以及信息通信费用的持续下降），成本的降低尤其推动了资金不足的中小企业的信息化建设。

第二，随着信息技术投资力度增加和信息通信费用持续下降，无论是硬件设备，还是软件和网络设施的质量和性能都得到了大幅度提高，这给现代企业实施信息化增强了信心。

第三，不断涌现的面向现代企业信息化差异性需求的各种创新性技术，不仅扩大了信息技术在现代企业中的应用范围，还持续改进了信息技术的"投入—产出"效率，从而有效推动了现代企业信息化的深入发展。

第四，信息化服务商的水平不断提高，其掌握的先进信息技术为现代企业信息化的发展提供了支持和保障。

4.客户驱动模式

提高客户服务水平不仅能够驱动现代企业信息化的实施，还对现代企业制定整个信息化战略至关重要。传统的商业模式受信息技术和网络化经济快速发展的影响，发生了根本性的变化。大多数行业的产品和服务日益商品化、同质化，企业日益难以取得独特的竞争优势；同时，客户期望值不断提高，逐步进行自主选择，这虽然克服了传统商业模式的地理环境限制，但是也提高了他们对服务的及时性及质量、个性化和价值的要求。此时，现代企业获得竞争优势的重要手段就是建立和维护客户关系。

大量研究表明，现代企业可以通过尽力掌握客户信息，准确把握客户需求，快速地响应其个性化需求，提供便捷的采购渠道、良好的售后服务，以及经常性的客户关怀等，提高客户满意度。而在传统的企业管理模式中，来自销售、客服、市场、制造、库存等部门的信息具有分散性和片段性，必然会导致企业无法全面地了解客户，各部门难以在统一信息的基础上面向客户并提供服务，也会严重阻碍企业进行经营活动，容易造成企业资源浪费，失去商业机会。因此，很多企业在借鉴国外企业和行业内其他企业经验的基础上，纷纷实施CRM等信息化项目。

5.供应链驱动模式

供应链驱动模式的驱动力量主要来自位于供应链上的核心企业。在信息时代中，商业竞争不仅仅是企业与企业之间的竞争，而是越来越多地体现为供应链与供应链之间的竞争。作为一种有效的企业合作模式，供应链使供应商、制造商、分销商和零售商的经营与生产管理能够实现集成和优化运作，使合作伙伴之间优势互补，从而有效降低成本、及时响应市场需求，而不完善的信息流通体系严重影响供应链的运作效率。因此，供应链上的核心企业会通过优先选择信息技术应用比较成熟、信息管理比较规范的供应商或客户来提高企业的竞争能力。对于已有的合作伙伴，核心企业会适当地支持其信息化建设。

第三节 现代企业经济管理信息化的驱动策略

一、内部环境建设策略

（一）现代企业文化革新策略

人是生产力中最活跃的因素。现代企业在信息化建设中会涉及人的固有观念、思维方式及管理思想的转变，甚至是企业文化和组织结构的改变。所以，知识经济时代的企业信息化建设应强调人的因素。

1.转变人的观念

转变人的经营观念在现代企业的信息化建设中占有非常重要的地位。现代企业在进行信息化建设时，实质上是对落后的管理思想和管理方法的改造，是一种革命，它需要对业务流程和组织结构进行优化或再造，精简管理层次，重新制定规章制度和操作程序。因此，现代企业的信息化建设需要企业各类人员充分理解企业的信息化，从上到下达成共识。在现代企业的信息化建设进程中，企业高级管理人员的重视和组织、中层管理人员的参与和支持，以及广大员工的积极响应，在很大程度上推动了现代企业信息化的进程。

在现实生活中，有些企业在信息化建设方面取得了成功，而有些企业却并没有达到预期效果，有的甚至以失败告终。其根本原因在于，成功的企业是把信息化建设项目当成一个人的系统来看待的，而不成功的企业则把信息化建设项目简单地看成一个计算机系统。当然，它们的区别不仅仅在于系统软件的细小差别，成功企业由于拥有优秀的人员，从而可以使现代企业信息化建设走向成功并且不断得到完善，而失败企业由于管理思想落后、意识陈旧，再好的系统也难以正常发挥作用。

在信息时代，现代企业的发展在很大程度上依赖信息、知识和创新。而人作为具有功能性的信息处理者，具有很大的作用。所以，转变人的观念在现代企业的信息化建设过程中显得尤为重要，因为这一过程所需的现代企业管理系统蕴含了大量先进的管理思想和管理模式。现代企业在实施信息化建设项目时，高级管理人员应做好观念上的自检，充分理解企业的需求，把握企业自身发展的特点及优劣势，这样才能做到有的放矢，保证企业的信息化建设顺利进行，使企业能够结合自身特点和在管理上的优劣势来进行信息化建设。因此，现代企业必须在转变人的观念这方面加强宣传。

2.改革企业文化

当前，企业文化在现代企业中的作用和地位日益增强。随着计算机应用在现代企业中的作用进一步深入，现代企业的组织结构和管理模式正在发生变革。企业文化应该根据现代企业管理变革的需要也进行相应的变革，以促进现代企业的发展。在21世纪知识经济时代这一大背景下，现代企业管理对信息量的需求已远远超过了传统管理模式下对信息量的需求。现代企业必须建立高效、快捷的信息网络，迅速收集、处理和传播信息并及时正确地运用信息，以帮助现代企业提高市场反应能力。传统的企业文化由于具有严格控制、高度集权的特点，体现出的是一种"刚性管理"思想，所以很难适应当前新的经济环境和现代企业信息化建设的要求。因此，现代企业必须对其企业文化进行相应的改革，注重柔性管理，体现以人为本。在这种新的模式下，企业员工所处的组织结构呈现扁平式的网状结构，信息沟通渠道更广，拥有更多的自主权和决策权。此外，新的企业文化应该更注重个人价值的实现，加强人和人之间的沟通与合作，以利于大家协同作战。

3.各级管理人员必须成为建设现代企业信息化的推动者

现代企业的各个管理层是现代企业信息化建设的推动者，因为信息化建设需要上层领导者的推动。现代企业在完成信息化建设之后，各级管理人员是现代企业最先受益的人员。一个企业高度集成的信息化管理系统，能够按照要求为各级管理人员提供以文字、报表、图形等形式所表现出来的各种信息，这些信息是管理人员及时掌控内外环境变化和制定决策的依据。所以，各级管理人员对现代企业信息化建设都非常重视且积极参与和支持，在现代企业信息化建设的后续发展和完善上，他们也都表现出了极大的主动性与能动性。在现代企业的信息化建设当中，上级领导者的推动有利于调动现代企业其他层面人员参与的积极性，使现代企业目标统一、自上而下配合默契。因此，要使各级管理人员成为优秀的推动者，必须对他们进行相关的教育与培训。

（二）信息技术人员设定策略

一般情况下，传统企业都会对职能部门，如财务、营销部门的作用及财务人员的地位给予足够的重视。现代企业信息化与企业的生存与发展息息相关，而这在很大程度上需要依靠信息技术人员。因此，现代企业需要对信息技术人员的地位予以合理设定。

1.设置专门的信息部门和信息主管

在现代企业内部，信息是一种非常重要的战略资源，对其进行集中、有效的管理对现代企业的发展非常关键。当前，很多企业都设有专门的人事、财务及供应等部门，而对信息却没有专门的主管部门，这样很容易出现信息管理混乱、信息丢失、冗余等情况，造成信息不准确、不可靠、不及时等问题，使现代企业管理者在做决策时缺乏有效的依据。严重的还会给企业带来巨大的经济损失。所以，现代企业必须设置专门的信息部门和信息主管对信息加强管理。

信息部门集管理与技术于一身，它必须具有明确的管理权限，来管理和协调现代企业的信息资源。现代企业的信息主管具体负责信息技术和信息系统等各个方面的工作，来支持现代企业战略目标的实现。由于信息管理会涉及计算机技术、管理科学、运筹学和系统科学等多领域，所以信息主管必须掌握多方面的综合知识，且具有很强的管理能力。

现代企业的信息主管应该由企业的高级管理人员来担任，地位仅次于企业总经理。在国外，企业设置信息主管的情况很普遍，也都很成功。相比较而言，我国企业的信息部门和信息管理人员的地位就要低得多，而这都源于企业对信息部门和信息主管重要性的认识不足。

在信息主管的领导下，现代企业信息部门的工作人员应该积极参与到企业信息化建设立项、项目实施、项目完成后的系统运行和维护以及系统完善等各个环节，在确定建设目标、进行建设规划等方面要发挥突出作用。

2.合理定位信息技术人员

在现代企业的信息化建设当中，人们普遍认为，信息技术人员只需要熟练掌握计算机技术即可。这样的观念是错误的，它会对现代企业的信息化建设造成很大影响。现代企业信息技术人员的主要任务就是要清楚企业的业务状况，否则，就不能对现代企业的信息化建设提出合理的、符合业务特点的建议或意见，从而不利于现代企业信息化建设的实现。由于当今信息技术的发展过于迅速，信息技术人员很难在多个领域与计算机发展的最新成果保持一致，所以，现代企业应当对信息技术人员的职责予以合理定位，使其明确现代企业信息化建设的任务目标、规划现代企业信息化的建设和发展、规范现代企业内部控制与管理制度。

3.做好信息化建设的人才培养工作

现代企业的信息化建设，有助于计算机技术广泛、深入地应用到现代企业管理的方方面面。为了使企业系统得到有效运转，现代企业必须对操作规程和工作规范予以严格化，对员工进行经常性的教育培训，使员工摒弃不良的工作方式和工作习惯，提高他们的整体素质。有计划、有步骤地培养和教育人才是现代企业信息化建设的重要基础性工作。现代企业在进行信息化建设时，一定要注重人才的教育和培训，并把这项工作贯穿到信息化建设的整个过程当中；同时，制订合理的教育培训计划，以保证获得良好的培训效果。总而言之，现代企业在进行信息化建设时，只有充分重视人的作用，才能够从根本上保证信息化建设走向成功。

（三）基础工作规范策略

现代企业的信息化建设需要扎实地做好大量的基础性工作，包括现代企业的标准化工作和规范化工作。其中标准化工作包含的内容十分广泛，最为重要的是信息编码的标准化，这项工作时间花费较多，难度也较大，但却是现代企业信息化建设的根本要求，不然，就难以实现现代企业信息资源共享的局面。现代企业严格按照操作规程开展工作是计算机管理的一大特点，现代企业必须制定严格的工作程序和规范，以保证信息化建设的顺利开展。

1.规范企业数据

企业数据是计算机处理的主要对象，因此，企业数据必须标准统一，具有严格的规范性。一个企业的数据，其内容是非常广泛的，它关系到现代企业的内外资源和监督管理的各项标准。企业数据可以分为以下两大类：

第一类属于基础性数据，是现代企业管理系统所必不可少的，如客户信息、供应商信息、存货信息、科目信息、欠款余额、库存余额等数据，这类数据都要按照计算机数据处理的要求来制定编码标准，以保证其具有明晰的定义和编码，以及标准的格式和含义。

第二类属于能源、工时、材料耗用等定额和费用开支的标准及预算数据，是现代企业进行监督管理所必需的。由于现代企业往往依据定额进行预测、计划、核算和分析，并对计算机系统设置预警控制，所以对定额非常重视，通常都是比照行业"标杆"找差距，以实现对定额、计量、统计、物料及货品编码等的规范化管理，提高标准化水平。

在规范数据时，有国际标准的，应该采用国际标准；没有国际标准的，应该采用国家标准；没有国家标准的，就要采用行业标准；现代企业自身测定的标准要放在最后再予以考虑。

2.规范现代企业业务和信息处理流程

现代企业的日常业务涉及范围很广，包括生产工艺流程、材料进出库管理、采购订货管理等方方面面，如果企业制度不严、管理不规范，存在"暗箱操作"，就会在很大程度上制约企业经济效益的提高。为了使信息满足现代企业不同管理层次的需求，必须制定严格的制度，对数据的收集渠道和具体内容、数据的处理和传递方式进行明确规定。在现代企业中，很多数据都在各个部门内部流动，很少出现在不同部门之间横向流动的情况，这样就容易导致同一数据在不同部门归口、收集、汇总后使用，但不能共享的现象发生，使数据出现遗漏、交叉、重复等问题。所以，现代企业应在数据收集方式、传递渠道和存储的责任部门之间理顺关系，明确授权程序，确保数据的完整性、相关性和及时性。信息的处理要遵守事先拟定的业务流程，不能因人而异，这样才能确保信息的完整性，保证制定决策时有据可依，所以，现代企业在进行信息化建设时，必须有规范的工作规程和工作准则。

（四）硬软件平台建设策略

现代企业在进行信息化建设时，其所依赖的硬软件环境是企业信息化的运行平台，其中硬件环境是指计算机的环境，软件环境是现代企业管理系统，包括操作系统、数据库管理系统等的操作环境。

1.硬件平台的建设

随着计算机和通信技术的飞速发展，网络得到广泛应用，计算机网络的规划和建设，已成为现代企业信息化建设硬件环境的首要关注之一。现代企业计算机网络系统的设计需要考虑的因素很多，像一种特定的技术发展战略、组织结构和布局、业务流程等。不同的企业有不同的特点，每个企业不能使用相同的标准制定网络环境下的解决方案，对于缺乏经验的企业，在这方面可以考虑聘请专业的队伍来制定解决方案。制定网络技术方案时，应该考虑以下一些原则：

（1）先进性原则

该原则是指制定网络方案要有一定的前瞻性，持有先进的设计思想，采用先进的计算机、通信、网络等技术。

（2）实用性原则

现代企业在进行信息化建设时要从实际出发，运用成熟的技术和能够适应现代企业财务、业务、管理一体化信息服务要求的、高质量的网络服务设备，并保证网络带宽足够大，以减少信息传输延迟情况的发生。

（3）可维护性原则

由于系统是由多种设备构成的较为复杂的系统，所以，必须确保系统所选的产品具有良好的可管理性和可维护性。

（4）安全性原则

即网络的安全性，表现在两方面：一方面，采用如防火墙、加密、认证、数据备份等有效的安全技术措施，确保现代企业内部网不被攻击；另一方面，对如服务器、交换机等网络的关键设备采取备份措施，保证网络能够进行不间断的工作。

（5）经济性原则

该原则重视的是现代企业的投资，通过采用伸缩性强的、灵活的互联网解决方案，确保现有的网络顺利过渡到未来的优化网络，从而使现有的投资得到有效保护。在进行网络建设时，要考虑现代企业的实际需求和前后步骤的衔接，充分利用现有的资源，使现在的投入成为将来的重要有机组成部分，在这个基础上，使投资额达到最小。

（6）开放性原则

该原则和技术标准的开放性有很大关系，开放的标准和协议应该是网络设备选择的基础，所以，网络设备应具有良好的兼容性和可扩展性。

（7）标准化原则

技术标准是该原则最为关心的问题，为了满足性能高、可用性和操作性强的需求，网络设备和服务提供的技术应该具有单一的来源性，体现标准化和开放性。

2.软件平台的建设

服务器操作系统、工作站操作系统、浏览器和数据库管理系统的首选，便是软件平台建设的主要内容。

分布式网络计算技术已经非常成熟，而且在各个领域被广泛运用。计算机网络服务器附带了四类：数据库服务器、应用服务器、Web 服务器和通信服务器。现代企业应选择符合自身网络体系结构需求的网络服务器和网络操作系统，但也有许多提供专用的网络服务器的厂商，如 IBM、DELL。目前，Unix、Windows NT 和 Novell NetWare 等网络操作系统是比较流行的系统，其中 Unix 作为主要的服务器操作系统比较适合大型企业，且适用于基于内部网的系统开发。但是，对 Unix 平台的建立和维护目前还存在一些困难，而且选择基于该平台的计算机也会对各种流行的应用开发工具产生限制，像 VB、Delphi 等。由于一个企业的内部网可以支持多种硬件平台，能够运行多种操作系统，所以，现代企业可以根据需要选择多种产品来构成混合性的多平台网络。

二、外部宏观策略

（一）加强政府科技推广政策

现代企业信息化的关键是信息技术，它在很大程度上制约着信息化的进程。相对于大多数企业来说，对发达国家的信息技术予以引进和直接利用，成本会非常高，而且会产生很多适用性方面的问题，所以，在我国开发具有自己独立知识产权的信息技术是大趋势，这就需要制定完善的科技政策来进行引导与扶植。

1.加大科研投入

科研投入是衡量各国科技发展水平的一个重要指标，它以研发费用为标志，是信息技术发展的前提条件，许多发达国家信息技术的发展在此领域都进行了巨额投资。我国是一个发展中国家，对于现代企业的研发投入是相对有限的。如果忽视科学技术发展的主导作用及信息技术方面的投资支持，会对信息技术的发展造成严重影响。所以，针对现代企业信息化建设资金不足的问题，应当逐步扩大信息技术研究投入在有限的科研投入中所占的比重，并且考虑建立"企业信息化专项基金"或者"风投基金"，对现代企业给予诸如税收减免、优惠贷款的政策支持。

2.创建现代企业自主创新机制

现代企业对信息技术的需求在很大程度上影响着信息技术的进步和信息化的发展，要实现现代企业信息化技术进步的良性循环，必须从机制转变上着手，实现以下几个转变：

第一，科技管理转化为政策指导，并且不再以审批为主。

第二，从以政府为主转到以企业为主的信息技术投资。

第三，技术管理覆盖面转变为以国有企业为主的社会管理，而不是单纯的管理。

其中，培养企业投资者是关键，以增强自主创新能力，建立和完善技术开发组织。

3.加强"产学研"的结合

目前，世界各国的企业大多用的是企业、高等院校和研究机构之间合作开发的研究成果。这种"产学研"相结合的方式是科技发展的有效途径，它不仅使高等院校和研究机构的科研优势得到充分发挥，同时也保证这些技术迅速进入应用程序。在我国企业信息化相关技术开发的过程当中，清华大学主持的"集成化管理与决策信息系统"课题、北京航空航天大学主持的"集成化设计制造及信息处理（I-CA）"课题、西安交通大学主持的"集成化质量控制系统（I-QS）"课题以及中国科学院沈阳自动化研究所主持的"CIM 系统技术（CIM-ST）"课题等，全都采用了"产学研"相结合的方式，并且取得了显著成效。在未来，要继续发展企业、高等院校和研究机构之间的联系，以促进信息技术的发展和应用。

4.建立健全技术法律法规体系

现代企业信息化和电子商务的有序运行，必须有完备的法律法规做保证，为了保障电子交易双方在进行交易时能按照共同的规则进行，政府必须针对电子合同的有效性、有效电子文件的规范性、电子签名的合法性和其他身份辨认程序等方面制定和颁布相应的法律法规体系。

（二）优化政府信息产业发展政策

作为产业政策中的重点政策，信息产业政策目前已被纳入国家战略性经济与贸易基本政策当中。所以，为了扶持信息产业的发展，国家在制定信息产业政策方面必须加快步伐。从整体上来讲，我国信息产业发展政策应与世界信息产业发展总体趋势保持一致，以满足我国产业界对优先发展或重点推动的具体产业客观认识的要求。

1.鼓励运用信息技术改造传统产业

由于我国当前的经济发展水平整体上还处于工业化阶段，在大思路上应结合已有的工业化基础，采取工业化与信息化并举的方式，抓住国内外信息技术和产业迅速发展的机遇，加快信息资源的开发和信息化的建设。从产业的关联度来看，信息产业的前后关联度都较大，这样必定会有一个前后衔接过渡的过程存在。作为高科技的核心内容，信息技术运用于生产能带来的附加值较高，将其用来改造我国的传统产业，不仅可以加快我国的工业化进程，增加产出量，提高企业整体劳动生产率和产品质量，还能增强我国企业产品在国际市场上的竞争力。同时，信息技术改造传统产业的良性机制一旦形成，对信息技术的大量需求必然随之产生，从而对我国信息产业的发展起到有力的促进作用。

2.完善政府信息服务政策

我国作为世界上最大的发展中国家，发展信息化是必然的选择，这就要求我国必须配备完善的信息服务政策。我国在制定企业信息服务政策时，应当从我国的具体国情出发，有选择地借鉴发达国家的先进经验，为推进我国现代企业信息化的发展做好铺垫。当前社会主义市场经济条件下，政府部门的调控手段是很有限的，其除了可以采取传统的宣传、培训等手段来营造气氛，还应着手对现代企业信息化指标体系进行研究，以建设和改善现代企业信息化软环境。

（1）规范现代企业信息化数据标准

有一句话是这么形容企业信息化建设的："三分技术，七分管理，十二分数据。"现代企业信息系统的实施基于完善的基础数据，而其成功运行则基于对基础数据的科学管理。标准化工作简单易懂，便于操作，同时也是现代企业信息化进程的基石，它影响着现代企业信息化的发展速度和质量，所以需要政府去着手实施，是政府统筹规划的具体化。因此制定科学合理的规范并有计划地予以执行，具有深远的现实意义。

政府部门作为一个组织者，可以联合众多成功企业、软件企业和具有丰富实践经验专家的力量，依据行业特性对行业编码标准和技术规范进行编制，在重点企业中进行推广应用，以带动中小企业开展信息化建设。所以，政府部门应对现代企业信息化指标体系展开研究，分析现代企业信息化的相关影响因素，以形成我国现代企业信息化的动态衡量指标。此外，政府应尽快对现代企业信息化的各类行业法规进行起草，制定关于计算机软件接口的标准化规范和网上交易商品的标准化代码。

（2）推广共性软件

政府部门应在规范现代企业基础管理、制定现代企业信息化标准和数据规范的基础上，用部分经费以招投标的形式采购如库存管理软件等的一些基础管理模块，这些模块具有行业的共性，可以在很多企业尤其是中小企业中进行推广应用。现代企业采取这样的做法，不仅可以让企业库存降低、资金占用减少，还可以让企业在资金流转方面得到加速，大大提高企业信息化建设的积极性。同时，现代企业在实施过程中也培养了实施队伍，提高了员工认识，为今后信息化建设的进一步开展夯实了基础。

此外，政府基础管理的规范和推广、数据规范的制定等措施，也有利于市场形成良好的氛围，创造出现代企业信息化建设顺利推进的宏观环境，使现代企业的信息化应用从单纯的管理过渡到辅助现代企业经营者决策上，加深了现代企业经营者对信息化的深刻认识。以上这些只是说明，现代企业要建设信息化并不是无章可循，其中有很多东西已经为其准备好了，同时，他们也可以获得多渠道的帮助。

（3）建立效绩评价体系

当前，现代企业信息化的应用不断得到深入，为了顺应这一趋势，必须尽快建立完善的现代企业信息化应用绩效评价体系，同时，现代企业在应用信息化的过程中也应积极对项目工作展开评价，通过坚持定量计算、定性分析和客观公正的原则，对现代企业信息化应用的状况从不同的角度进行揭示，以帮助现代企业提高信息化推广应用水平。现代企业信息化应用绩效评价的内容与范围主要有以下几个方面：

第一，现代企业在运行信息化系统时需要的各种基础数据资料准确与否，是否及时、有效。

第二，在运行信息化系统时，现代企业对供应链管理中的各有关环节与企业资源是否实行了有效的规划和控制。

第三，信息化系统的运行使现代企业的管理思想和模式是否得到一些改变或提高。

第四，现代企业通过对财务进行分析，在市场预测、物料库存和产品成本降低以及生产周期压缩等方面是否产生了一定的经济效益。

第五，评价现代企业竞争力的经济指标和评价现代企业管理水平的评测指标是否发生了改进。

所以，为了使现代企业信息化应用状况得到科学、公正的评价，在信息化应用绩效评价体系中，专家要有一个科学、合理的专业比例构成，并应以管理学方面的专家为主。

（4）推行项目监理

在现代企业的信息化应用过程中，我国企业应实施项目监理制度，这是一种具有社会性、科学性和专业性的管理方式。以往我国企业采取的都是自筹、自建、自管等方式，这种方式目标没有量化，质量得不到保证，进度难以控制，监督保障也不能到位。为了提高现代企业信息化建设项目的风险抗击能力，保证项目按时按质完成，政府部门必须大力宣传信息化项目监理制度，使广大应用企业和人员充分认识到该制度实施的必要性和紧迫性，并对有关信息化项目监理的体系和规范进行制定和完善，对项目监理人员进行职业道德和专业水平上的培养和提高。

（5）规范政府管理

规范政府管理体现在以下三个方面：

首先，政府部门应加快网上办公的步伐。随着直接对话和实时交流的开展，网上信息的及时沟通和共享得以实现，政府部门应以自身政务的信息化促进现代企业信息化的进一步发展。

其次,在现代企业信息化建设方面,政府部门应该对某些重点企业,尤其是国有或国有控股企业有一些考核的指标,把企业领导者在位期间的业绩作为考核标准之一,通过重点企业信息化建设的带动作用,推动广大中小企业的信息化建设。

最后,政府部门要明确分工,加强协调。现代企业信息化是一个系统工程,其与新技术的开发应用不同,应由现代企业综合经济管理部门来牵头,一致对外,这样一方面有助于现代企业得到快速、高效的发展,另一方面有助于政府部门精简高效形象的树立。

第七章 现代企业经济管理信息化的绩效评价

第一节 现代企业经济管理信息化绩效评价概述

一、绩效评价模型

对现代企业信息化的情况进行绩效评价具有重要意义。通过绩效评价，现代企业可以了解信息化建设的客观情况，与现代企业的既定目标或其他同行业企业进行对比，找到实施过程中存在的问题，总结经验和教训，并结合企业的现状，找到工作重点，有针对性地继续进行信息化建设。绩效评价模型主要包括以下几种：

（一）诺兰模型

20 世纪 70 年代，哈佛大学教授理查德·L.诺兰总结了发达国家信息系统发展的经验和规律，提出了信息系统发展的阶段模型，用以描述信息系统的发展和进化过程，到 20 世纪 80 年代又进一步完善该模型，形成诺兰模型。诺兰模型把一个组织中的信息系统的发展和进化过程划分为两个时代共六个阶段，第一个时代为计算机时代，包括初始阶段、蔓延阶段和控制阶段；第二个时代为信息时代，包括集成阶段、数据管理阶段和信息管理阶段。他从大量的应用实例中总结出了每个阶段的特征发展策略。诺兰认为模型中的各阶段都是不能跳跃的。

（二）SW-CMM 模型

SW-CMM（Capability Maturity Model for Software，软件能力成熟度）模型是 20 世

纪 80 年代由美国卡耐基梅隆大学软件工程研究院提出的一种模型。这一模型提供了一个基于过去所有软件组织工程成果的过程能力阶梯式进化的框架，阶梯共有五级：初始级、可重复级、已定义级、已管理级和优化级。SW-CMM 模型为软件企业的过程能力提供了这个阶梯式的进化框架，目的是适应不同机构的使用需要。这种结构的一个重要特点是：那些与判定成熟度等级有关的组成部分处于模型的顶层，它们是成熟度等级、关键过程域与各个关键过程域的目标。SW-CMM 模型可以反映现代企业软件组织管理方面的水平。

（三）技术-信息卓越度模型

这一模型描述了现代企业组织技术卓越度和信息卓越度与现代企业利用信息技术进行绩效创新和改进之间的相互关系。这一模型认为，任何组织只有具有适当的技术卓越度和信息卓越度，才能成功地利用新技术进行绩效创新。

现代企业信息化的绩效评价方法较多，根据评价方法所涉及的学科领域，常用的评价方法可以分为以下几类：

1.专家评价法

专家评价法是以该领域内专家的主观判断为基础的一类评价方法，这种方法具有操作简单、直观性强的特点，但是这种方法对专家的依赖度高，人为因素强，一般采用多名专家评判，用以消除该方法的缺点。具体方法有德尔菲法、类比法、相关系数法等。

2.经济模型评价法

经济模型评价法是一类定量的评价方法，具有客观性强、实用程度高的特点，适用于直接经济效益的评价。它的缺点是对于信息化项目产生的间接经济效益缺乏考虑。具体评价方法主要包括生产函数法、指标公式法、费用/效益法、投入—产出分析法等。

3.数学评价法

数学评价法是学者应用较多的一种方法，这种方法是利用已经成型的运筹学方法或多元统计分析方法，对信息化建设情况进行评价。由于应用的模型较为成熟，且经过实践的检验，因此其科学性较强，得出的结论也较为客观。其缺点是工作量大、处理困难，但目前已经有许多专业软件能够解决这一问题，使数学评价方法的应用范围进一步扩大。具体方法有多目标决策、数据包罗分析、层次分析、模糊评判、多元统计分析等。

4.组合评价法

这种方法是指将专家评价法、经济模型评价法和数学评价法中的具体模型或方法，进行有机组合应用的一种评价方法。这种方法能较好地将复杂的定量和定性指标有机结合在一起，获得较为客观的数量化评价结果，能够充分发挥各种方法的优点，并以各自的优点克服其他方法的缺点，能很好地适应信息化项目的绩效评价。其中，APF 法是一种十分典型的组合评价法，它把层次分析（Analytic Hierarchy Process，AHP）、多元统计中的主成分分析（Principal Component Analysis，PCA）和模糊评判（Fuzzy）等方法相组合，综合利用各种方法的不同特性对评价对象做出较全面的评价。

二、绩效评价机制的原则

（一）科学性原则

科学性是制定绩效评价指标体系的最基本原则，在国内外学者对信息化绩效评价研究的基础上，以相关理论为依据，建立起科学的指标体系，是正确认识现代企业信息化、正确评价现代企业信息化、进一步促进现代企业信息化发展的基础。根据这一原则，各项指标的设置要符合现代企业信息化建设的特征，清晰明确，指标之间不能有较强的相关性，并且要提出科学的计算方法，能够正确地对现代企业信息化建设绩效给予评价。

（二）目的性原则

现代企业信息化绩效评价指标体系的设计，旨在引导现代企业信息化建立在有效益、务实、统筹规划的基础上。其主要目标是：为现代企业提高信息化水平服务，帮助现代企业正确实现信息化，引导现代企业信息化健康发展。

（三）系统性原则

现代企业信息化绩效评价指标体系必须能够全面地反映现代企业信息化的现状，能够从各个方面对现代企业信息化建设的情况进行综合评价，系统地反映现代企业信息化的效果，从而能够科学地指导之后的现代企业信息化建设工作。

（四）可比性原则

现代企业信息化绩效评价指标体系构建的目的，就是要对不同企业的信息化建设工作进行客观的评价，通过对指标体系的评价，能够将各个企业进行比较，找出各自的优劣，这样指标体系才有意义。因此，指标体系必须保证不同企业的信息化建设情况具有可比性，能够对现代企业的信息化水平进行客观的比较，以指导现代企业信息化建设工作。

（五）可操作性原则

现代企业信息化绩效评价指标体系的设计要尽量清晰明确，指标数据要便于获得，其采集和归纳方法要符合现代企业运作的实际情况，评价方法要力求简单、容易理解和掌握，以使指标体系具有普遍应用的价值，能够在实践中广泛应用。

（六）针对性原则

现代企业信息化绩效评价指标体系主要是服务于现代企业，因此这一指标体系的构建要符合现代企业的客观情况，针对现代企业的特点建立起适合操作的评价体系。

三、绩效评价机制的指导思想

（一）系统观视角

现代企业信息化是一项复杂的系统工程，现代企业信息化绩效的评价是一个复杂系统的评价问题，需要在系统观的指导下进行。

1.基于系统观的现代企业信息化

系统是由两个或两个以上相互联系业务的任何种类的要素所构成的集合。综合国内外对系统的定义可以得出，系统是指相互关联、相互制约、相互作用的许多要素构成的具有某种特定功能的综合体。其中相互关联、制约、作用的部分称为原系统的子系统，而原系统又可以是更大系统的一个组成部分。系统具有不可分割性，系统各要素整合在一起才能实现系统的功能。如果将各要素割裂开来，将破坏原系统的功能。系统处于不断发展之中，经常与其环境进行物质、能量和信息的交换。系统论的基本思想方法，是把所研究和处理的对象当作一个系统，分析系统的结构和功能，研究要素、系统、环境三者的相互关系和变动规律。系统是普遍存在的，用系统观点看问题，世界上任何事物都可以被看作一个系统，都可以用系统的观点来分析。

系统论深刻地改变了人类的思维方式。传统的分析方法着眼于局部或要素，把事物分解为若干因素，然后遵循单项因果决定论，以局部的性质去分析复杂事物。这种思维方法是认识简单事物的行之有效的方法，但它忽视了事物的整体性，不能反映事物之间的联系和相互作用，因此在研究因素众多、关系复杂、规模巨大的复杂问题时就显得无能为力了。在这种情况下，系统分析方法成为解决复杂问题的有效思维方式。

现代企业信息化是一项复杂的系统工程，随着信息化建设的深入，其内部战略、流程、人员和外部环境各要素之间紧密地交织在一起，通过不同的模式或渠道互相作用、互相影响，形成一个不可割裂的复杂系统。因此评价现代企业信息化绩效时，需要应用系统论的基本思想，站在系统论的高度，严密剖析信息化的各个方面，从整体把握和分析影响信息化成败的各种因素。

（1）系统的整体性

任何系统都是一个有机的整体，系统的整体功能是各要素在孤立状态下所没有的新质，并且"整体大于部分之和"。系统的整体性是系统论的核心思想，用这一观点分析现代企业信息化是很有必要的。

一个全面、完整的现代企业信息化系统，应该包括横向和纵向两个方面。横向上要覆盖供应、生产、销售、售后，以及人事、财务、研发等环节；纵向上则从最底层的生产线及物流控制系统，一直延伸到现代企业的决策层。现代企业信息化建设要从全局出发，统一领导、统一组织、统一规划，整合业务流程，建立自下而上、综合统一的现代企业信息平台。

（2）系统的关联性

系统是由内部各子系统相互联系而形成的整体。各个子系统不是各自孤立的，而是在系统中有机地联系在一起，是构成整体系统的成员。系统的关联性包括两个方面：一是系统内部各子系统的有机关联；二是系统整体同外部环境的有机关联。系统的运行要把握好有机关联性的原则。现代企业信息化建设不是独立存在的，而是存在于现代企业整个大的系统中。现代企业信息系统是整个企业系统的子系统，现代企业信息系统与现代企业战略管理系统、财务系统、人力资源系统、生产系统等子系统相互联系，进行信息交换。而现代企业系统又处在一个更大的复杂社会技术系统之中，其作为一个开放的系统，与外部环境相互联系、相互作用。例如，一个企业会与其上下游企业进行资源、资金和信息的交流，并且会受到行业环境、政策法律环境、技术环境、经济文化环境等宏观环境的影响。

（3）系统的层次性

层次性是系统的基本特征之一。系统的层次性是指由于组成系统的各要素的差异，系统组织在结构、地位、作用和功能上表现出等级性，形成具有差异的系统等级。

现代企业信息化系统是一个分层的系统，由上而下分为三层，第一层是思想观念层面，即决策层（战略层）；第二层是管理制度层面，即管理层（战术层）；第三层是技术层面，即业务层（操作层）。在现代企业信息化系统中，思想观念是所有行动的指南，是整个系统的核心部分，能够直接推动管理制度的产生，而管理层面制定的信息化政策和标准规范又为现代企业信息化健康、快速、持续发展提供根本保障。

（4）系统的目的性

系统的目的性指系统为某种目的而存在，由此形成的系统的功能是不同系统间相互区分的重要标志。现代企业信息化建设总目标是：优化现代企业流程，改善管理手段，提高管理效率，增强现代企业的竞争力；规范和完善现代企业信息资源的收集、整理、分析的方法；建立和完善现代企业信息系统网络，实现现代企业信息互通、资源共享的系统建设目标。

（5）系统的动态平衡性

现代企业信息化的实现是一个长期的动态过程，没有终点，需要随着现代企业自身的发展和信息技术的发展而不断地由一个平衡阶段更新到下一个平衡阶段。因此，对信息化的建设不能操之过急，应该按照信息化发展的规律而理性看待信息化建设。

现代企业信息化具有整体性、关联性、层次性、目的性和动态平衡性等特点，是一项复杂的系统工程。充分认识现代企业信息化系统的特点，以系统论的思想分析并指导现代企业信息化的规划和建设，有利于从多维角度来分析系统，了解现代企业信息化的需求，促进现代企业各方广泛参与信息的收集和利用，提高信息质量和利用效率；把握系统的关联性可以加强子系统之间的沟通，消除信息孤岛，有助于实现信息系统间的高度集成；认识系统的动态平衡性有助于把握系统的变化趋势，从而实现系统的可持续发展。

2.系统观指导下的现代企业信息化绩效评价

现代企业信息化绩效评价是对信息化这一复杂系统工程在现代企业各方面产生影

响的效益进行评价，同样需要在系统观的指导下进行，其中应特别注意以下几个方面：

（1）信息化绩效评价的开放性——内部和外部两个角度共同进行

现代企业信息化与周围环境（包括上下游企业、外部宏观环境等）之间存在着物质、能量、信息的交换，信息化各要素相互作用，以及它们与环境之间相互作用之后，往往产生难以预期的结果。系统的开放性使得信息化评价的边界具有不确定性和模糊性的特点。

现代企业实施信息化对现代企业系统内部产生了重要影响，能优化组织流程，提高现代企业的经济效益和运作效率，提高现代企业的决策能力和创新能力，加快现代企业对环境的适应能力，增强现代企业的竞争力。现代企业本身是一个开放的系统，现代企业的生产经营过程需要不断地与外部的顾客、供应商、经销商、政府部门、银行等进行信息和能力的交换。现代企业实施信息化同样对这些外部主体有很大的影响，产生了扩散绩效。例如现代企业信息化可以提高与供应商的信息交换速度，降低企业间合作经营成本，提高客户满意度，等等。

因此，在系统观的指导下，现代企业信息化绩效评价应该具有开放性，站在整个社会经济大系统的角度，从企业内部和外部两个方面来全面考察信息化绩效。企业内部绩效主要是考察企业信息化的实施对企业自身各个子系统的影响，如对组织、管理、财务、人员等要素的影响；企业外部绩效的考察主要是基于企业系统的联系性和开放性，考察信息化对与企业系统有着密切关联的其他外部系统和主体带来的影响。

（2）信息化绩效评价的效率性——投入与产出的整体角度

现代企业信息化是一个投入—产出的动态系统，对其绩效进行评价需要运用系统思想，从投入和产出的整体角度来研究其系统效率。将现代企业信息化投入作为系统输入，将现代企业信息化绩效作为输出，用系统的投入—产出的有效性来综合衡量企业信息化绩效。系统效率高，意味着现代企业用较少的信息化投入获得较大的信息化绩效。

（3）信息化绩效评价的层次性和动态性——构建系统的指标体系

现代企业信息化的实施和效益涉及现代企业的多个方面，信息化的投入不仅包含物质方面的因素，还包括人员素质、企业文化等精神方面的因素；信息化的产出既包括现代企业的经济效益的提高，也包括组织流程的优化、决策能力的提高等间接无形收益。因此要全面系统地反映现代企业信息化的效果，必须构建规模复杂的指标体系，从各个方面对现代企业信息化建设的情况进行评价。指标体系必然包含多个维度，反映信息化在某一方面的绩效，如从财务维度来考察现代企业信息化带来的直接经济效益。每个维度又需若干指标来全面反映其状况，如财务维度包含成本、利润、销售额等多个指标，这些指标与评价维度形成了具有一定层次结构的指标体系。

由于反映信息化各方面状况的指标不是孤立的，而是按照一定的方式彼此联系在一起，相互制约、相互补充的，因此只有将多个指标适当地整合在一起，才能科学地评价信息化，而带来的问题是信息化绩效评价体系所包含的要素和指标层次跨度很大。这些指标层次的界限、不同层次的差异和联系等问题增加了信息化绩效评价的复杂性。

此外，现代企业信息化是一个动态发展、不断提高的过程。对现代企业信息化绩效的考察，既要反映信息化的现状，又要兼顾信息化发展的趋势和潜力，因此信息化绩效评价指标体系需要静态指标和动态指标相互结合。

（二）投入—产出的过程视角

1.现代企业信息化的投入—产出过程分析

现代企业信息化是一个系统工程和现代企业重大的投资决策，无论在信息化基础设施建设上，还是开发和应用信息系统上，均存在必要的人力、物力、资源的投入，现代企业信息化绩效的评价也是现代企业信息化建设目标和信息化投入实效进行客观比较的过程。现代企业信息化投入—产出分析，是对信息化建设投入—产出经济效益的分析比较。投入—产出过程分析是在更高层次上、更广阔的视野上对现代企业信息化绩效进行有效评价，是不仅涉及技术，而且涉及人与组织行为的复杂系统分析思想和方法。

现代企业信息化投入—产出过程分析的意义在于，可帮助现代企业寻找增值的途径，为现代企业信息化战略的制定和投资行为提供一种科学的、系统的方法和依据。现代企业信息化的投入—产出过程既是现代企业规范管理、优化流程、创新管理手段的过程，也是现代企业不断提高信息资源的利用效率、获得信息经济效益的过程。当前影响现代企业信息化决策的主要问题，是找不到投入和产出的联系。因此，通过现代企业信息化的投入—产出过程分析，可以认识现代企业信息化投入和产出要素之间的关系，能够鉴别出实现信息化绩效的途径，同时为现代企业提供改进的方向。由于现代企业信息化是一个动态的系统，现代企业信息化的投入要素是这个系统的输入，信息化的产出效益是这个系统的输出，因此在确立现代企业投入和产出各要素时必须遵循系统性原则，建立一个较为全面的投入—产出模型。在建立模型时，既要考虑现代企业信息化中人的因素，又要考虑技术及管理的因素；既要考虑现代企业内部信息化的投入和产出要素，又要考虑现代企业外部环境对现代企业信息化的影响。

2.关于投入—产出过程分析的考虑

对现代企业信息化投入—产出过程的分析，为系统全面地描述信息化绩效提供了有序指导，能够帮助研究者与实践者理解并描述该过程的构成要素及其关系，为持续动态地理解与改进绩效奠定了基础。

现代企业信息化是一个长期持续的过程，信息技术的发展、业务的变更、经济和市场环境的变迁等使得现代企业信息化不存在终极目标。因此从时间维度看，信息化是投入—产出不断转换的过程，存在多重的投入—产出关系。随着时间的延续，现代企业信息化投入各要素的状态不断发生变化（如资金投入的不断增加），并且会需要新的要素投入（如新技术的引入）；而由于现代企业信息化投资的长期性和滞后性，现代企业信息化的产出更需要一段时间的积累才能显现出来。

为了全面衡量信息化的投入和产出，可从以下三个维度进行考察：

（1）有形—无形

信息化的投入需要从有形和无形两个方面来全面把握。同样，信息化的产出既表现为现代企业成本的降低、利润的增加等有形的收益，也包括管理效率的提高、市场地位的提升等无形的收益。

（2）内部—外部

现代企业是一个开放的系统，与外界不断进行物质、能力和信息的交换。因此现代企业信息化的实施受到来自现代企业内部和外部两个方面因素的影响，同样，信息化的产出也包括内部效益和外部效益两个方面。内部的信息化投入包括高层的重视等，而外部的信息化投入则包括供应商等合作伙伴的信息化建设情况等；产出方面，内部的信息化效果包括信息化提升了现代企业决策效率等；而信息化外部绩效包括信息化增强了对合作伙伴的响应能力等。

（3）静态—动态

当前对现代企业信息化评价的研究具有很大的截面性质，是对某一时刻的静态状况的考察。而考虑到现代企业信息化系统的动态性，可尝试对现代企业的信息化实施动态做出初步的探讨。举例来说，动态的投入有现代企业信息化资本投入的年度增长状况，而动态的现代企业信息化产出则体现在对实施信息化过程中现代企业管理效能所发生变化的考察上等。

（三）认知视角

1.认知的本质及意义

认知是直接依靠主体感知能力和思维能力去认识客观事物的过程。认知活动伴随着每一个有意识的人。认知心理学将大脑比喻成一个"信息处理器"，认为人的认知过程是一个主动地寻找信息、接收信息、存储信息并在一定的认知结构中进行信息加工的过程。认知心理学家认为，从信息的输入、存储、输出等符号加工的角度来看，人脑与计算机之间在信息加工过程与结构方面都有很大的可比性。

关于认知的含义有以下几类不同观点：

第一，认知是信息的处理过程；

第二，认知是问题求解；

第三，认知主要指的是思维，包括语言、形象思维及问题解决等；

第四，认知是心理上的符号处理；

第五，认知是由知觉、记忆、推理等所组成的一个复杂的系统；

第六，认知心理学将认知过程看成一个由信息的获得、编码、贮存、提取和使用等一系列连续的认知活动组成的、按一定程序进行加工的系统。

基于认知视角的研究价值在于，可以借助主体认知的信息处理过程来揭示复杂现象之下的本质规律，如消费者品牌选择的认知视角的研究，试图根据人类的认知规律来寻找到影响消费者品牌选择的因素和选择的过程；认知视角的现代企业战略管理研究能够识别出影响组织成员接受战略创新的因素，指出不同因素的影响效果，为现代企业建立相应的管理措施提供理论依据。

2.影响认知效果的因素

基于认知的信息化绩效评价是应用调查方法论的认知视角理论，从作答者的认知入手，把作答者（认知主体）作答问卷的过程看作一个认知决策过程。通过作答者认知的信息处理，获取现代企业信息化各方面的信息和数据。作答者回答问卷的过程涉及对选项间的比较、选择和评估，这是一种高级的认知过程，即决策。CASM 理论把调查作答过程看成"刺激—认知—反应"三个阶段，因此，为了作答者能够客观、真实地报告其对现代企业信息化情况的认知结果，需要从前两个阶段来控制影响认知效果的因素，即从施加刺激的调查者方面和作答者（认知主体）方面来分析影响因素。第三个阶段"反应"，只是把认知的结果显性地报告出来（即把结论写下来或说出来），而在这之前调查者对具体问题的回答已经得出，所以需要控制的主要是在这之前的因素。一方面从调查者如何正确施加刺激的角度，另一方面从作答者自身认知决策特征的角度，来论述影响认知效果的因素。需要注意的是，这两者都试图从认知规律入手，寻找提高调查研究的效度的方式和途径。

（1）调查者方面的因素

调查者方面的因素具体包括以下四个方面：

①影响理解过程的因素

作答者首先要理解问题，如果作答者不明白问题在问什么，那他们就不能正确回答问题。作答者在语法和语义方面能否正确理解问题决定了他们是否能正确回答问题。如果问题本身语法结构比较复杂，作答者需要花费较多的时间和精力才能明白问题的内容，那么在这种情况下，作答者可能会遗漏某些关键信息而导致回答出现偏差，或者可能因厌烦而不愿回答；如果问题在语义上不够明确，包含的意义太窄或太宽泛，都会造成作答者对问题的理解出现偏差。因此，调查者在设计问题时，要尽量使问题简单化，避免复杂的语法结构；问题语义要明确，避免出现含糊的概念。为了解作答者是否正确理解了问题，调查者可以采用认知访谈技术进行前测。认知访谈技术主要是"言语探测"与"出声思维"的结合，言语探测是要求作答者解释其对问卷题目中关键词的理解，从而评定作答者给出的答案的可信度等；出声思维则是让作答者在从事认知活动的同时用语言报告自己的想法。

②影响回忆过程的因素

作答者对问题的回答依赖于回忆，影响回忆的因素有很多，包括事件本身的特征（如发生时间、独特性、重要性等）和调查者所提问题的特征（如回忆顺序、线索的数量、任务时间等）。调查者可以运用个人标志性事件和生活事件日历等给作答者提供回忆的线索。

③影响判断过程的因素

判断分成两类，即对事实进行判断和对态度进行判断。在有关事实问题的判断中，对时间的判断和对发生频率的判断这两类比较重要。对于事件时间的判断，其准确性与作答者对事件细节的记忆、事件发生时间与其他事件的联系等因素紧密相关。标志性个人事件（如生日）发生的时间是较为容易被记住的，在调查中询问这些标志性事件的时间，有助于提升时间问题回答的精确度。对于发生频率的作答研究，研究人员常采用化整为零的做法，这种将一个问题分解为几个小问题的技巧能提高作答的精确性。

态度是一种包含已存在评价、模糊印象、价值观和信念、相关感觉的记忆结构。当作答者在思考态度问题时，就是将这些内容重现为评价或更新它，形成一个新的判断。在关于态度问题的调查中，研究者如果能给作答者足够的时间与鼓励，作答者会对相关调查问题投入更多的思考，从而纠正回答中的偏差，提高作答的有效性。

④影响反映过程的因素

选择和报告答案是作答过程认知模型的最后步骤。作答者对于同一问题可以有多个答案，一些作答者会尽最大的努力去寻找一个最好的答案（最优化原则），多数可能只是考虑第一个可接受的答案（满意原则）。这是因为不管问题的回答是封闭式还是开放式，作答者倾向于采取减轻回答负担的策略，尽可能简化他们的答案，所以调查者在设计问卷选项时要考虑到作答者的这种心理。调查者要精心设计选项的种类，使作答者不需要花费心思和工夫即可给出答案。

（2）作答者方面的因素

决策是一种高级的认知过程，涉及对选项间进行比较、选择和评估的过程。在问卷调查过程中，作答者（认知主体）作答问卷的过程就是一个决策认知过程。决策是受情境因素和个体差异因素共同影响的。因此在问卷调查中，为让作答者经过认真、精细的信息搜索和加工之后在选项间做出决策，主要是对这两个因素进行控制。为分析这两种因素的影响，首先要了解认知决策双加工理论。双加工理论认为，人有两个信息加工系统，这两个系统信息加工的方式不同：系统1的信息加工方式是直觉的、自动的、粗略的，系统2的信息加工方式是分析的、控制的、仔细的。人在做决策和判断时会交替使用这两种信息加工方式，两个系统都在起作用。

第二节 现代企业经济管理信息化的绩效成本

一、信息化的投入—产出分析

技术进步是经济增长的重要因素，在经济发展中起着越来越重要的作用。衡量技术进步对经济增长的作用，就是要把技术进步的贡献进行量化。技术进步对经济增长作用定量化分析的方法有：索洛的增长速度方程、丹尼森的增长因素分析法、乔根森的生产率分析和前沿生产函数等分析方法。

经济学中使用的经济效益概念一般是指经济活动中的劳动消耗与劳动成果的比较，也就是投入与产出的比较。对于一个企业的生产性投资来说，其经济效益就是各种要素的投入与这些投入所引起的各种收益的产出的比较。度量信息化在现代企业经济效益中的作用，其实质就是计算信息化贡献的份额。

信息化一般被形象地比喻为强化现代企业的"神经系统"，提高现代企业的反应速度，它并不能直接产生巨大的经济效益，而是现代企业增值链的"推进器"、创新能力的"孵化器"。因此，在计算信息化贡献的产出时，不宜采用产量等静态指标，而应用产量增长等动态指标。

（一）产出量的确定

从理论上讲，应当按实物量来分析产出量。但考虑制造业产品类型较多，不同产品间价值相差较大，可采用总产值代替实物量来计算产出量。为了消除价格因素的影响，宜用不变价格来计算总产值。

（二）劳动量的确定

经济学中常用劳动者人数、劳动者工资或劳动者工作时间等统计资料来衡量劳动量。考虑统计资料获取方便，可采用全职员工总数来计算劳动量。

（三）资本量的确定

按目前的统计口径，以某年的固定资产的净值加该年的流动资本为这一年的资本总额是比较恰当的。考虑固定资产折旧计算较为复杂，也可采用固定资产的原值加该年的流动资金作为计算资本量。

（四）弹性系数的确定

弹性系数 α、β、θ 的经济含义是：在其他条件不变的情况下，资本（劳动或信息化投入）增加 1% 时，产出增加 α%（β% 或 θ%），一般采用回归分析进行估算。通常，可以采用时间序列的数据进行回归，也可以利用横截面的数据进行分析，其共同的特点是根据统计资料，用最小二乘法得到最佳拟合。时间序列法利用现代企业的产出和投入的时间序列历史数据，估计模型中的参数。横截面使用某系统中各个子系统的同一年的历史数据，通过回归计算某系统该年的参数，即使用同一时间内不同的数据，用最小二乘法原理得出最佳拟合。

二、信息化的绩效成本分析

信息成本指人们在收集、整理、开发/生产、传播、利用信息的过程中付出的代价，包括一切人力、物力、财力的消耗。直接成本又称预算成本，它用来度量企业信息技术的直接支出，包括硬件和软件费用、运行成本、管理成本这三大类；间接成本又称非预算成本，主要是指终端用户在操作过程中带来的生产力损失和故障时间影响。其成本计算公式如下：

信息技术成本＝硬件和软件费用＋运行成本＋管理成本＋终端用户操作生产力损失成本＋故障时间成本

（一）信息采集成本

目前现代企业信息化部门的职能主要是信息的存储、处理、扩散等活动，信息的采集活动主要是在业务部门，因而在信息化成本计算中一般不考虑信息采集成本。现代企业管理对信息的要求越来越趋向于精细化、外部化、及时化，信息采集成本日益凸显。

另外，有几种信息采集成本值得注意：向外部咨询公司或信息公司购买竞争情报费用；为跟踪最新 IT 发展所花费的会议费、差旅费、培训费；数据挖掘费用；业务部门采集非业务信息费用，如为质量回溯，生产部门须记录每个零部件的供应信息。

（二）业务影响成本

信息化是个信息技术扩散的过程，在这个过程中，业务人员需要花费时间和精力掌握相关的信息技术，这必然影响日常业务，这部分成本通常并未计算。比如，业务骨干作为信息化项目的密钥使用者往往要参与项目会、负责培训其他业务人员、解答信息系统使用问题，这必然影响日常业务。信息系统上线时，需要手工和系统并行一段时间，这往往会造成业务混乱，这种影响成本也应估算计入。

（三）信息协调成本

信息协调成本为信息在现代企业不同部门间或不同资源载体间流动并出现不一致现象时，用于消除这种偏差的成本。比如，现代企业通常会有设计物料清单（Bill of Material，BOM）和制造物料清单之分，两者的统一需要设计部门、制造部门、信息部门三方协调，而随着产品生命周期的缩短、客户个性化需求的增强，BOM 数量呈现激增态势，这必然会造成两个 BOM 协调成本的增加。再如，库存的盘点是消除实物信息和账面信息差异的一种手段，信息化之前是作为库存部门的工作之一，计入人工成本的。信息化之后，由于信息传递的及时性要求，仓库很难停止工作几天进行全面盘点，因此大多采用抽盘、A 类物料重点盘查等方法。从表面看，信息化降低了盘点成本，但由于意外、工作疏忽、偷盗的存在等，物料出现未能正确录入或出库的情况是不可避免的，几个月、一年下来，其差异也许是惊人的。这方面的成本及损失目前似乎尚未纳入信息规划和成本计算中。交叉计算：IT 与 IS（Information System，信息系统）成本交叉。IT 投入作为现代企业信息化基础设施，其硬件可计入固定资产，其使用、维护应是信息化部门的职能，如数据库维护。IS 由于系统复杂，与现代企业业务、管理相关，往往需要咨询公司、软件厂商提供后续服务，而一些 IS 自带数据库等基础设施，结果造成一些本属于信息化部门的职能的工作也外包给咨询公司、软件厂商了，从而形成重复计算。

总结以上问题，可以认为造成信息化成本计算复杂的原因，主要在于信息化涉及现代企业多个部门，其活动与现代企业业务活动交叉在一起，不易辨识。为此，必须明确信息化部门的职能和活动。多视角信息成本研究在实证中并不成功，其原因就在于现代企业将信息成本和信息化部门的职能放得太大了，几乎包含了所有的信息活动，甚至包括档案管理、传真、广告。现代企业业务是有自己相对独立的管理信息的，信息化部门不应涉及这些信息，以 ERP 为例，信息化部门管理的应是各子系统交互的信息，而不应包括子系统内部、底层信息。

因此，可以将信息化成本划分为三部分：硬件费用、软件费用和信息化活动费用。

其一，硬件费用包括计算机、网络、通信、安全设备等，由企业统一采购、管理。

其二，软件费用分为 IT 软件费用和 IS 软件费用。IT 软件费用涉及数据库、操作系统、软件开发、数据安全等软件购买及维护费用；IS 软件费用包括各种 IS 系统的购买、实施、运行、维护费用。IT 软件费用属于信息化部门成本，IS 软件费用可划归业务部门或由现代企业单独核计。

其三，信息化活动费用分为三项：信息化职能活动、信息化协调活动和 IT 学习活动费用。信息化职能活动包括硬件维护、信息技术运用、IT 软件维护、信息资源管理、信息安全维护；信息化协调活动包括 IS 软件选型实施（信息化部门辅助业务部门进行）、信息冲突协调活动；IT 学习活动费用主要用于信息化部门员工接受外部信息技术的费用和培训企业业务部门员工及建立企业学习平台的费用。

从以上分类可以发现，前两项是作为现代企业固定资产计入的，信息化职能活动可归结为信息化部门人工成本，IS 软件的相关费用应主要归于业务部门。

第三节 现代企业经济管理信息化绩效评价方法

现代企业信息化是指现代企业在生产和经营的各个环节推广应用信息技术，充分开发和利用内、外部信息资源与人力资源，建立与此相适应的组织模式，从而提高现代企业生产、管理、决策等过程的效率、水平与经济效益，增强现代企业竞争力的过程。现代企业信息化水平评估工作，为现代企业的利益相关体（内部的管理人员与技术人员、外部的股东、宏微观经济管理机构）提供了认识现代企业信息化水平的途径，为改进现代企业的各项信息化工作提供了依据。

一、对现代企业信息化水平进行评估所应秉持的理念

在信息化投入早期，人们普遍有一种理解，就是信息化投入越多，所能带来的效益就会越大。对现代企业信息化水平的评估工作也仅仅停留在某些局部概念和技术应用水平上。其实，信息化的目的是解决现代企业实际问题而寻求一种新的出路。所有这些系统建设的关键在于信息系统能否解决现代企业的实际问题，能否给现代企业带来显著的价值。信息化工作是以效益为导向的，而不是以技术为导向的。只有那些"出效益"的信息系统，才能得到用户的青睐。信息化水平的评估应关注的是信息化对战略的支撑度，对现代企业经营效率的提高和成本降低所带来的效益；并且关注信息化系统投入运行后，是否达到预定目标，是否发挥出期望的性能和价值。信息化工作应坚持一个明确的基本原则：提高效率、降低成本、提高竞争力。坚持以用为本，持续改进，坚持三个持续力：持续应用、持续改进、持续跟踪评价，坚持应用整合和复用。"实用"是 IT 系统价值实现的载体，反之，即使是能够成功上线而不能成功应用的项目投资，其价值也是零，而且还会给现代企业带来负资产，是一种资源的浪费。因此，信息化工作应把系统能量释放、价值实现的重心放在推进应用上，从"实用"的角度促进信息系统能量的释放，从"实用"的角度进行效能评估，而不是放在个别指标数据的计算上。

因此，现代企业信息化水平评估工作应以合理、正确地设定现代企业信息化所要达到的目的为前提和根本出发点。对现代企业信息化水平进行评估，无论其工作环境还是最终目的，都与为宏观经济管理服务的国家信息化水平评估存在较大的区别，不能照搬评估国家信息化水平的指标体系。

对现代企业信息化水平的评估不能仅偏向于技术应用。因为技术应用侧重的是设备、技术是否到位，而不关注现代企业的管理性质是否发生变化。这样的指标往往不问信息化工作是固化原有管理，还是改变、提升原有管理，这会导致与信息化有关的技术设备是新的，而管理理念和体系却是旧的，两者叠加从本质上看，现代企业的信息化水平并没有提高。比如，将信息技术应用于原有不合时宜的管理结构，管理规则却不变。这样的现代企业信息化会造成用新技术固化旧体制，承担不了改革的功能。

在企业层面上开展评估，应反映并强调人的作用。现代企业的信息化工作仅从专业技术上来努力是不够的，关键是要理解和接受以下事实：信息是一种必须加以全面整体处理的有价值的共享性资源，为了这一共享资源加以集中管理，使其发挥更大的效益，

负责此项工作的信息资源管理必须由首席信息官来担任。这表明，作为发展的客观规律，人类自身与信息技术设备相比，人类所发挥的作用将越来越大。

作为最终目的，评估要对现代企业信息化的效果做出评价和分析。推进现代企业的信息化要达到两个效果：一是提高组织协调能力，减少内耗，增加创新能力；二是对环境的变化能够迅速适应和响应。人是现代企业的核心，信息系统搭建现代企业的整个数字神经系统，使人和整个企业融为一体，并对外界产生快速的决策。这两点在现代企业中形成两种效应，一是网络协同效应，强调协同的优先性。从单纯面向职能，转向以职能转变为基础、以流程重组为导向，面向现代企业内外部的各种流程。通过协同，发挥现代企业作为大系统的功能倍增优势。二是网络生命效应，强调创新的优先性。从非学习型或非适应型的组织，转向学习型的适应型组织。

现代企业进行信息化评估工作是为管理服务的。在市场经济条件下，该项工作很大程度是为现代企业自身的管理服务的，应包括对现代企业领导、运作、实施、技术平台全方位的测评。现代企业信息化水平评估不仅是对测评对象简单地打分排序，还要通过评估过程和结果把现代企业的信息化投入引导到建设"有效益的信息化"上来。只有从领导战略、投入结构、应用、效益、人力资源、组织与文化、信息安全等多个方面，以及从效能出发评估现代企业信息化水平，才能引导现代企业建设有效益、务实的信息化，信息化才能为现代企业提供切实的帮助。

二、现代企业信息化水平评估的对象和方法

依据上述理念，对于信息系统项目的评估和评价，不在于投资的多少、系统规模的大小，也不在于技术的高精尖，而在于与业务战略与系统平台的匹配度和适应度，在于投入价值最大限度地发挥作用。在对一个系统需求分析和方案选型时，需要始终把握的一个原则就是把有限的资金投到对业务最有价值的应用上。而那些对现代企业的业务发展最需要的、最有帮助的信息化工作就是最有价值的应用。众多企业通过信息化工作的切身实践体会到，现代企业信息化评估的对象有四层：领导层、运作层、实施层、技术层，相应决定四个方面：推进信息化的领导能力、现代企业的运作机制和模式、实施信息化的能力、技术能力，并可细分为外溢效应型指标、网络协同型指标、社会资本型指标、团队协作型指标、虚拟企业型指标、客户关系型指标、企业文化型指标、流程重组

型指标、竞争能力型指标、知识管理型指标、技术指标、技术创新型指标、决策理论型指标等。

与国家信息化水平评估使用客观的定量评比所不同的是，现代企业信息化水平评估方法是通过获取被调查对象（内部的管理人员和技术人员、外部的股东、宏观经济管理机构）对某一信息化指标描述的认同程度的信息，最终将所有对单个指标进行描述的信息加以汇总分析，得到信息化水平的评价结果。

21世纪初，国家信息化测评中心正式推出了中国第一个面向效益的信息化指标体系——中国企业信息化指标体系。企业信息化是国家信息化的重要组成部分，研究制定现代企业信息化专项指标体系，对于丰富和完善国家信息化指标体系，是一个具有探索意义的重大课题。中国企业信息化指标体系由基本指标、效能指标和评议指标三部分组成。指标体系参考了国内外数十个方案的优长，集中了专家的智慧、心血，创造性地应用了从效能上评估现代企业信息化水平的新方法。该指标体系第一次将"建设有效益的信息化"的要求以评价指标的形式落到实处；第一次提出从效能角度，从适宜度、灵敏度等多个方面，全面评估现代企业信息化水平并提供解决方案的咨询。在评估工作的调查阶段，在企业内部的管理人员、技术人员，外部的股东、宏观经济管理机构的有关人员中分别以随机或抽样的方式确定调查对象，由于企业有多种类型，如专注于生产或专注于服务的企业，对相同的企业显然不能使用同一份问卷，所以进行试验调查是必不可少的。

在现代企业进行评估实践的过程中，各企业可以根据企业实践在国家企业信息化指标体系的基础上得出切合企业实际的问卷并进行试验调查。在问卷设计上，使用语义区分量表构成的闭合式问题是一种简单、高效、稳定的方法。

三、现代企业信息化水平评估结果的分析

作为分析的依据，首要任务是建立评估结果数据库。由于不同的行业所需达到的信息化水平和推动信息化的力度肯定有所不同，所以，该数据库应按行业分类，用于收录该行业中已实施的信息化评估工作的现代企业的评估结果。从这些结果中，可以提炼出某行业中现代企业信息化水平最高的企业的单项得分和总分值，并依次找出行业内处在不同信息化水平（阶段）的各项得分值。

参 考 文 献

[1]唐娟，周海荣，朱靖华.企业经济管理的信息化研究[M].长春：吉林文史出版社，2016.

[2]程曾平.我国中小企业信息管理系统构建与发展探索[M].长春：吉林大学出版社，2017.

[3]荆伟.企业管理创新与运营[M].北京：中国纺织出版社，2017.

[4]吴拓.现代企业管理[M].3版.北京：机械工业出版社，2017.

[5]杨伟隆.应用信息经济学简明教程[M].广州：华南理工大学出版社，2017.

[6]王瑾.企业财务会计管理模式研究[M].北京：北京工业大学出版社，2017.

[7]邓志阳.综观经济与管理：邓志阳文选[M].广州：暨南大学出版社，2017.

[8]王喆.新经济环境下现代企业战略管理研究[M].北京：中国商业出版社，2017.

[9]刘晓莉.企业经济发展与管理创新研究[M].北京：中央民族大学出版社，2018.

[10]王关义.经济管理理论与中国经济发展研究[M].北京：中央编译出版社，2018.

[11]滕佳东.管理信息系统[M].6版.大连：东北财经大学出版社，2018.

[12]郭泽林.新形势下企业经济管理的创新策略[M].北京：九州出版社，2017.

[13]罗进.新经济环境下企业财务管理实务研究[M].北京：中国商业出版社，2019.

[14]武建平，王坤，孙翠洁.企业运营与财务管理研究[M].长春：吉林人民出版社，2019.

[15]张诚，谢衍.物流管理与信息技术融合项目研究[M].北京：中国科学技术出版社，2019.

[16]黄顺春，宋建晓.现代企业管理教程：卓越绩效管理践行读本[M].5版.上海：上海财经大学出版社，2019.

[17]刘勤.管理会计信息化发展的理论与实务[M].上海：立信会计出版社，2019.

[18]李铁锋，卿向阳.经济管理基础[M].上海：华东理工大学出版社，2009.

[19]陈建明.经济管理与会计实践创新[M].成都：电子科技大学出版社，2017.

[20]孟祥瑞.经济管理基础[M].上海：华东理工大学出版社，2005.

[21]潘栋梁，于新茹.大数据时代下的财务管理分析[M].长春：东北师范大学出版社，2017.

[22]王晓平，尚猛，李瑶.企业管理的创新模式[M].北京：煤炭工业出版社，2017.